미션따라 중국어

SURVIVAL
초급탈출편

저자 이미선

목차 002 | 머리말 004 | 이 책의 구성 및 공부 방법 006 | 미리 알아 둘 상용어 008 | 추천평(뒤표지)

PART1 기초 리딩 구문과 서바이벌 문장 배우기

第一课 他个子高高的 그는 키가 매우 큽니다 — 010
　　　형용사 중첩, 是 ~ 的 강조 구문

第二课 沙发上放着娃娃 소파에 인형이 놓여 있습니다 — 030
　　　동태 조사 着, 여러 가지 양사, 방향 동사

第三课 北京的天气怎么样 북경의 날씨는 어때요 — 050
　　　동태 조사 了, 어기 조사 了, 정도 보어

第四课 面条比米饭更好吃 국수가 밥보다 더 맛있어요 — 070
　　　동사+起来, 비교문

第五课 我自己想做菜 제가 직접 음식을 만들고 싶어요 — 090
　　　결과 보어, 접속사

第六课 很多人不带现金 매우 많은 사람들이 현금을 안 갖고 다녀요 — 110
　　　여러 가지 개사

MISSION SURVIVAL CHINESE 초급탈출편

CONTENTS

第七课 中国火锅好吃极了 중국 샤부샤부 너무 맛있습니다 128
　　사역구문 叫, 시량•동량 보어, 결과 보어

第八课 跟着导航 내비게이션 따라갑니다 148
　　동사 중첩, 정도 보어, 가능 보어

第九课 我去医院看病 저는 병원에 진찰받으러 갔습니다 168
　　연동문, 쌍빈어 동사

第十课 网上买东西 인터넷에서 물건을 삽니다 188
　　방향 보어

第十一课 不小心丢了手机 조심하지 못해서 핸드폰을 잃어버렸어요 208
　　동량 보어, 피동문 被

第十二课 到韩国坐公交 한국에 도착하여 버스를 탔습니다 228
　　동사着동사, 시량 보어, 정도 보어

PART2 워크북으로 미션 다지기 부록편

- **부록** 듣기•말하기•쓰기 워크북 (MP3 & 답안포함) 248
- **미션 체크 연습문제 답안** 298

미션따라 중국어

초급은 미 션 따 라
AS Mission Survival Chinese
서바이벌 **초급탈출편**

안녕하세요. <미션따라 중국어> Survival 시리즈의 저자 이미선입니다.

제가 중국 현지에서 만난 학생들 대부분의 고민이 중국어를 공부해도 실생활 속에서 한마디도 못하고 삽니다, 너무 답답합니다, 공부를 해도 중국어가 안돼서 좌절을 느낍니다는 것들이었습니다.
초등학교, 중학교를 거쳐 그렇게 오래 영어를 공부했는데도 미국 사람 앞에서 영어 한마디 못해요라고 하는 고민과 같은 거죠.
이런 고민은 왜 되풀이되는 것일까요?
외국어를 공부할 때 "0"부터 시작하는 기초가 중요하다는 말은 누구나 합니다. 저는 학습을 이끌어가는 콘텐츠가 정말 중요하다는 말씀을 드리고 싶습니다.
한국의 중국어 교재들은 1990년 초반 이전에는 대만에서 출간된 책이, 1990년 후반에는 대부분 중국에서 출간된 책의 번역본을 많이 사용하였습니다. 요즘은 한국에서 만든 책들이 더 많고 교재 수는 늘어났지만, 30년이 지났는데도 중국어 교재의 프레임은 여전히 번역본 책을 그대로 따르고 있습니다. 특히 내용의 다양성을 지니기 힘든 단계인 입문, 초급 책들은 더더욱 그렇습니다. 편집과 디자인만 화려해졌지 내용은 여전히 그대로 입니다.
 중국에서 출판된 초급 교재들은 학습 대상이 "전 세계에서 중국에 유학 온 유학생"입니다. 더 정확히 말씀드리면 중국 환경에서 공부하는 유학생입니다. 교재 대상이 한국에서 중국어 공부를 시작하는 한국인이 아닙니다. 그러다 보니 교재가 유용성과 실제성이 떨어질 수 밖에 없습니다.
교재를 제작할 때 가장 중요한 첫 번째 요소는 교재의 대상이 누구인지 정하는 것입니다. 그다음 그 학습 대상에게 유용한 표현이 무엇인가, 또 그들이 어떤 환경을 자주 만나게 될 것인가를 주제로 레벨에 맞는 단어와 어법, 패턴을 연구 구상하며 교재 내용을 구성하게 됩니다.
예를 들어 교재 학습 대상이 "중국에서 공부하는 유학생"이 아니고 일반 한국인으로 되면 "기숙사, 우체국이 어딨습니까?" 보다 "화장실이 어딨습니까?"로 배우는 것이 더 유용성 높은 내용이라는 것입니다.
유학생들은 주동적으로 중국 친구를 사귀려는 여건이 되기 때문에 유학생이 중국 친구를 사귀는 과정은 회화 책의 단골로 등장하는 내용을 이끌어 가는 소재가 됩니다. 그러나 초급 레벨의 한국인이 중국에 가서 주동적으로 중국인을 사귀고자 하는 환경을 만나기까지는 실제로는 너무나 긴 시간이 걸린다는 사실. 오히려 중국을 가자마자 필요한 말들은 서바이벌 회화 즉, 식당이나 커피 종업원에게 택시 운전사에게 하는 말일 것입니다. 그럼에도 모든 초급교재의 시작은 "안녕하세요! 당신을 만나서 반갑습니다"로 시작하고 있습니다.
중국에 10년 살아도 "당신을 알게 되어 반갑습니다"라는 말은 손에 꼽을 정도로 잘 쓰지 않습니다. 실제로 잘 쓰지 않는 말들로 시작을 하니 "중국어 공부를 해도 입이 떨어지지 않는다"라는 고민이 생기는 것입니다.

교재 한 권에 담긴 난이도도 대상이 누구냐에 따라 바뀌게 됩니다. 중국의 환경에서 유학생 신분으로 중국어 학습이 목표인 대상에 맞춘 교재 난이도를 한국에서 하루에 한두 시간 아니 한 시간 이내 공부하는 한국 학생에게 맞추면 안 된다는 것입니다. 책 한 권 안에서 제1과와 마지막과의 난이도가 차이가 많이 나면, 한국 학생들에게는 책을 끝내기도 힘겨울 뿐 아니라, 다 끝냈다 해도 역시 "공부는 했는데 입이 떨어지지 않는다"라는 고민이 나올 수밖에 없는 것입니다.

심지어는 발음 설명도 대상에 따라 달라집니다. 한국인이 특히 어려워하는 발음과 성조 조합이 있기 때문에 한국인이 어려워하고 자주 틀리는 발음을 교재에서 더 포커스를 두고 설명해주어야 합니다.

<미션따라 중국어> 서바이벌 시리즈는,
첫째, 1과부터 12과까지 새 단어 개수와 쓰인 문장을 일관되게 컨트롤하고 있습니다. 사용된 구문은 8자 내외의 길이를 유지합니다. 그래야 입에 감길 수 있는 회화를 할 수 있습니다.
둘째, 평이한 난이도를 유지하되 단어와 문장 패턴 학습의 선(先)과 후(后)는 학습 대상에 맞추어 고려하였습니다.
셋째, 현지에서 버튼 누르면 바로 나올 수 있도록 그렇게 구성한 교재입니다.
말은 얼마나 반복했는가 그리고 기억하기에 가능한 말들을 얼마나 많이 쌓아 두었는가가 관건입니다.
"한국인이, 한국에서 중국어를 공부해서, 공부한 중국어를 사용한다 하면 어떤 말을 사용할 확률이 높으며, 어떤 패턴을 쉽게 받아들일 수 있을지, 한국인들이 자주 틀리는 발음과 난점은 무엇인지"에 대해서 20년 강의를 하며, 15년 현지 경험 속에서 만난 학생들을 통해서 쌓아온 데이터와 콘텐츠를 교재에 담았습니다.

"<미션따라 중국어> Survival 교재를 만나 입을 떼고 일상생활이 가능해졌다", "나도 중국어를 말할 수 있다는 자신감을 주는 책이었다", "현지에서 생활하는 데 있어 입이 트이는 행복이 무엇인지 알게 해주었다", "좋은 책 만들어 주셔서 감사합니다."… 등등의 학습자들의 후기는 교재의 진정성을 알아주시는 것 같아서 더할 나위 없는 기쁨과 자긍심을 느끼게 합니다.

콘텐츠가 넘쳐나는 현대 사회에서 중국어 교재를 선택하는 학생들이 "좋은 교재"를 잘 선별할 수 있기를 바랍니다. 학습과 실제의 격차가 없이 배운 말을 자신 있게 활용하며 중국어의 재미를 느낄 수 있기를 바랍니다.

저는 앞으로도 학습자들의 입장에서 중국어를 좀 더 재미있게 더 효과적으로 공부하는 방법을 끊임없이 연구하고, 저에게 주어진 "미션 Mission"따라 정직하고, 좋은 교재를 만들도록 노력하겠습니다.

저자 이미선

■ 초급탈출편의 구성 및 공부 방법

이전 단계 복습

왕초보편 단어 리뷰

학습

STEP1 새 단어 연습	STEP2 리딩 구문 연습	STEP3 서바이벌 문장 180	STEP4 WORD BY WORD
본문에 나오는 새 단어를 성조나 발음에 주의하여 읽어본다.	MP3를 들으며 천천히 지문을 읽어본다. 주요 패턴과 주요 어법 공부를 통해 리딩 구문을 더욱 이해해본다.	리딩 지문에 쓰인 구문들이 실생활에서 어떻게 사용되는지 서바이벌 문장 15개를 반복해서 연습하고 외워본다. 서바이벌 문장을 외우고 나서 다시 리딩 지문을 한 구문 한 구문 읽어보자.	주제 관련 단어를 분야별로 삽화와 함께 외워본다.
본문 새단어 총 200단어	주제 지문 리딩 총 12지문	서바이벌 문장 총 180구문	주제 관련 단어 총 300단어

초급탈출 학습량

연습

● 문제 풀이 – 읽기 · 쓰기 · 듣기 · 말하기

STEP5 미션 체크 연습문제	부록 워크북
읽기, 쓰기 / 단어 연상 연습	듣기, 말하기 / 쓰기 연습

◘ <미션따라 중국어> 서바이벌 시리즈의 학습 대상

제1권 왕초보편　　"중국어를 처음 공부하는 한국인(남녀노소)"
제2권 초급탈출편　"입문 책을 마친 한국인(남녀노소) (300단어 가량 학습한 학생)"
제3권 현지생활편　"초급을 마친 현지 회화를 배우고자 하는 성인"

◘ <미션따라 중국어> 서바이벌 시리즈의 학습 목적

제1권 왕초보편에서는 성조, 발음을 배움과 동시에 선별된 서바이벌 단어 300개, 서바이벌 문장과 패턴 학습을 통해 왕초보임에도 자신 있게 말할 수 있도록 하는데 포인트를 두었습니다.

제2권 초급탈출편에서는 기초 읽기 12지문과 실생활 표현 180문장을 통해 기초 읽기, 듣기, 말하기 연습에 포인트를 두었습니다. 다만 학습에서 끝나는 것이 아니라 역시 학습한 것이 일상생활에서 어떻게 쓰이는지 연습시키는게 목적입니다.

<미션따라 중국어>의 초급 과정인 <제1권 왕초보편, 제2권 초급탈출편>은 HSK1급부터 HSK3급까지의 필수 단어와 주요 문장 구조, 어법과 패턴을 수록하고 있습니다. <미션따라 중국어> 초급 과정을 공부하면 현지 서바이벌 회화는 물론이며, HSK 3급까지 마스터할 수 있는 일석이조의 효과를 거둘 수 있을 것입니다.

제3권 현지생활편에서는 현지 생활 완벽 적응을 목표로 16가지 상황 속에서 하는 회화 330문장을 외우고 상황에 따른 분야별 단어를 숙지하여 듣기와 말하기를 향상시키는데 포인트를 두었습니다.

본 교재는 <미션따라 중국어> 서바이벌 시리즈의 **제2권 <초급탈출편>**입니다.
중급으로 올라 가기 전에 보충할 단어와 구문을 읽기, 듣기, 말하기, 쓰기 -
전천후적 학습으로 초급 과정을 마무리 합니다.

기초 구문으로 연결된 지문을 눈과 입으로 천천히 읽어보고,
지문에 쓰인 구문들이 일상 생활에서 어떻게 쓰이는지 서바이벌 구문을 외워서
현지 생활에서 바로 말할 수 있도록 연습하고
분야별 단어들을 WORD BY WORD에서 살펴봅니다.
워크북에서는 배운 문장을 한번 더 듣기, 말하기, 쓰기 연습을 하며
완전히 내 것으로 소화해봅니다.

◘ 미리 알아 둘 상용어

1
수고하셨습니다.
辛苦了! Xīnkǔle

2
감사합니다.
谢谢! Xiè xie

별말씀을요!
(감사할 필요 없습니다)
不用谢! Bú yòng xiè

3
즐거운 주말 보내요!
周末快乐! Zhōumò kuàilè

4
오랜만입니다.
好久不见! Hǎo jiǔ bú jiàn

5
잠깐 기다리세요.
请稍等！Qǐng shāo děng

6
천천히 드세요.
请慢用！Qǐng màn yòng

7
죄송합니다. 못 알아듣겠어요.
不好意思，我听不懂！
Bù hǎo yìsi, wǒ tīngbudǒng

8
잠시 지나갈께요.
借过一下！Jiè guò yíxià

01

<왕초보편>에서 배웠던 형용사 다시 외워볼까요?

Review

宽	kuān	넓다		冷	lěng	춥다
脏	zāng	더럽다		方便	fāngbiàn	편하다
干	gān	건조하다		差	chà	부족하다
干净	gānjìng	깨끗하다		累	lèi	피곤하다
长	cháng	길다		辣	là	맵다
凉	liáng	서늘하다		好听	hǎotīng	듣기좋다
甜	tián	달다		饿	è	배고프다
高兴	gāoxìng	기쁘다		热	rè	덥다
少	shǎo	적다		胖	pàng	뚱뚱하다
远	yuǎn	멀다		可爱	kě'ài	귀엽다

Day1

第一课 他个子高高的
그는 키가 매우 큽니다

Survival 초급탈출 주요 미션

Step by step 미션 수행

▶ **Step1** 새 단어 연습

▶ **Step2** 리딩 구문
리딩 구문 연습
리딩 구문 탐구 : 주요 패턴 & 주요 어법

▶ **Step3** 서바이벌 180
서바이벌 15구문 연습
리딩 구문 체크

▶ **Step4** Word by Word

Self 미션 체크

▶ **Step5** 미션체크 연습문제

Step1 새 단어 연습

◆ 새 단어

1. **年级** niánjí
   (명) 학년

2. **初中** chūzhōng
   (명) 중학교

3. **出生** chūshēng
   (명)(동) 출생(하다)

4. **眼睛** yǎnjing
   (명) 눈

5. **鼻子** bízi
   (명) 코

6. **头发** tóufa
   (명) 머리카락

7. **黑色** hēisè
   (명) 검정색

8. **白色** báisè
   (명) 흰색

9. **皮肤** pífū
   (명) 피부

10. **脸** liǎn
    (명) 얼굴

11. **圆** yuán
    (형) 둥글다 (명) 동그라미

12. **各种** gèzhǒng
    (형) 각종의, 여러가지

13. **运动** yùndòng
    (명)(동) 운동(하다)

14. **对~ 有兴趣** duì~ yǒu xìngqu
    (숙어) ~에 흥미가 있다

참고 (동+빈) : 동사 + 빈어(= 목적어)

DAY 1

✓ 다음 단어의 성조를 주의해서 읽어봅시다.
▶ 1성 ~ 4성 연습

1성 + 1성	2성 + 2성	3성	4성 + 4성
出生 chūshēng 출생(하다)	年级 niánjí 학년	脸 liǎn 얼굴	运动 yùndòng 운동(하다)
乒乓球 pīngpāngqiú 핑퐁(탁구)	圆圆 yuányuán 매우 동그랗다	好好 hǎohǎo 매우 좋다	大大 dàdà 매우 크다
初中 chūzhōng 중학교	白白 báibái 매우 희다		

✓ 다음 단어의 경성의 위치를 생각하며 연습해봅시다.
▶ 경성 읽기

2성 + 경성	3성 + 경성	4성 + 경성
鼻子 bízi 코 头发 tóufa 머리카락	眼睛 yǎnjing 눈	兴趣 xìngqu 흥미 个子 gèzi 키

✓ 다음은 발음할 때 주의해야 합니다.
▶ 발음 주의

(1) 眼睛 yǎnjing 눈 — yǎn : ian은 "이옌"으로 읽는다. (이얀 ✕)

(2) 球 qiú 공(볼) — qiú q+iou : iou는 자음과 결합할 때는 o를 탈락 시키고 qiu라고 기입하지만 탈락된 o의 음가는 살려서 발음한다.

✓ 다음 년도를 읽어 봅시다.
▶ 년도 읽기

중국어는 년도를 읽을 때 숫자를 하나 하나 씩 읽어줍니다.

1997年	yī jiǔ jiǔ qī nián	2013年	èr líng yī sān nián
2003年	èr líng líng sān nián	2019年	èr líng yī jiǔ nián

제1과 그는 키가 매우 큽니다

Step2 리딩 구문 | 리딩구문연습

第一课 他个子高高的

白圆圆上初中一年级。
Báiyuányuán shàng chūzhōng yìniánjí

他是韩国人。
Tā shì Hánguórén

是2005年出生的。
Shì èrlínglíngwǔnián chūshēngde.

他个子很高，有一米六八（1.68米）。
Tā gèzi hěn gāo, yǒu yìmǐ liù bā

他眼睛大大的、鼻子高高的。
Tā yǎnjing dàdàde、bízi gāogāode

他有黑色的头发。
Tā yǒu hēisè de tóufa

他有白色的皮肤。
Tā yǒu báisè de pífū

他的脸圆圆的、胖胖的。
Tā de liǎn yuányuán de、pàngpàng de

他对各种运动有兴趣。
Tā duì gèzhǒng yùndòng yǒu xìngqu

DAY 1

- 白圆圆
- 初一
- 韩国人
- 2005年出生的

해석

바이위엔위엔은 중학교 1학년에 다닙니다.
그는 한국사람입니다.
2005년에 출생하였습니다.
그는 키가 매우 큽니다.
1.68미터(168센티미터) 입니다.
그는 눈이 매우 크고 코가 높습니다.
그는 검은 머리이고 하얀 피부를 갖고 있습니다.
그의 얼굴은 동그랗고 통통합니다.
그는 각종 운동에 흥미가 있습니다.

 **다음 단어를 써보고 외워봅시다.**

한자	병음	한자	뜻
年级	niánjí	年级	학년
头发	tóufa	头发	머리카락
皮肤	pífū	皮肤	피부
脸	liǎn	脸	얼굴
胖	pàng	胖	뚱뚱하다
运动	yùndòng	运动	운동하다 / 운동
兴趣	xìngqu	兴趣	흥미

Step2 리딩 구문 | 리딩구문탐구

● 주요 패턴

1 上 ~ 年级
shàng   niánjí

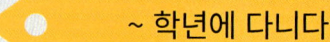 ~ 학년에 다니다

上은 기본적으로 "위"라는 방위사의 뜻 이외에도 "오르다, 올리다" 등등의 여러 가지 뜻이 있다. 여기서는 동사로 "(학교, 학년) 다니다" 라는 뜻으로 쓰였다.

① 上学   shàngxué   등교하다
② 上课   shàngkè   수업하다
③ 上楼   shànglóu   계단을 올라가다
④ 上菜   shàngcài   음식을 올리다

2 对 ~ 有兴趣
duì   yǒu xìngqu

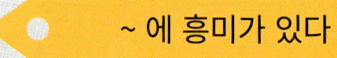 ~ 에 흥미가 있다

对는 <동사>로 쓰이면 "맞다"는 뜻이지만 <개사(介词)=전치사>로 쓰이면 "~에 대해(서)"라는 뜻이다.

① 对这个问题有意见。Duì zhège wèntí yǒu yìjiàn
  이 문제에 대해서 의견이 있습니다.

② 他对我很好。Tā duì wǒ hěn hǎo
  그는 나에게 잘 대해줍니다.

③ 他对这种问题没有兴趣。Tā duì zhèzhǒng wèntí méiyǒu xìngqu
  그는 이런 종류의 문제에 대해서 흥미가 없습니다.

DAY 1

● **주요 어법**

> **1** 他的脸　圆圆的、胖胖的　　　　　　　● 형용사 중첩
> 　　Tādeliǎn　yuányuánde　pàngpàngde

중첩(重叠)이란 "반복한다"는 의미이다. 형용사의 중첩은 "매우"의 의미를 갖기 때문에 중첩을 하고 "很，非常，太"와 같은 정도 부사를 붙일 수 없다. **형용사**를 **중첩**했을 때 문장 끝에 어기 조사 的 de를 붙이기도 하고 생략도 가능하다.
<1-왕초보편 제1강 동사의 중첩 "谢谢，欢迎欢迎"으로 중첩을 언급한 적 있다>

● 1음절 형용사의 중첩

　① 眼睛大大（的）。　Yǎnjing dàdà (de)　　눈이 매우 큽니다.
　② 个子高高（的）。　Gèzi gāogāo (de)　　키가 매우 큽니다.

● 2음절 형용사(성질 형용사)의 중첩

　① 干干净净（的）。　gāngān jīngjīng (de)　　매우 깨끗합니다.
　② 高高兴兴（的）。　gāogāo xīngxīng (de)　　매우 기쁩니다.
　③ 漂漂亮亮（的）。　piàopiào liāngliāng (de)　매우 예쁩니다.
　④ 马马虎虎（的）。　mǎmǎ hūhū (de)　　그럭 저럭 합니다.

Step2 리딩 구문 | 리딩구문탐구

2 他是2005年出生的
Tā shì èrlínglíngwǔ nián chūshēngde

 是~的 강조 구문

이미 발생한 일의 "방식(어떻게), 시간(언제), 대상(누구), 장소(어디), 원인(왜)"을 강조할 때 주로 사용하는 패턴이다. <1-왕초보편 제12강 "你(是)怎么来的?"라는 문장으로 배운 적 있다>

① 你是怎么来的? Nǐ shì zěnme láide 당신은 어떻게 왔습니까?
→ 我是坐飞机来的。Wǒ shì zuò fēijī láide 저는 비행기 타고 왔습니다.

② 你是什么时候来的? Nǐ shì shénme shíhou láide 당신은 언제 왔습니까?
→ 我是昨天来的。Wǒ shì zuótiān láide 저는 어제 왔습니다.

③ 你是跟谁来的? Nǐ shì gēn shuí láide 당신은 누구랑 왔습니까?
→ 我是一个人来的。Wǒ shì yígerén láide 저는 혼자서 왔습니다.

④ 你是从哪儿来的? Nǐ shì cóng nǎr láide 당신은 어디서 왔습니까?
→ 我是从韩国来的。Wǒ shì cóng Hánguó láide 저는 한국에서 왔습니다.

⑤ 你是为什么来的? Nǐ shì wèishénme láide 당신은 왜 오셨습니까?
→ 我是为了学汉语来的。Wǒ shì wèi le xuéhànyǔ láide 저는 중국어 공부를 위해 왔습니다.

- 为了 wèi le ~를 위해서

DAY 1

Memo

Step3 서바이벌 문장 180

MP3 01-3

001 上高中。
Shàng gāozhōng

002 上几年级?
Shàng jǐ niánjí

003 上初一。
Shàng chū yī

> **初一 chūyī**
>
> 한국어에 "중학교 1학년"을 "중1"이라고도 많이 말하죠! **初一 chūyī** 이것이 바로 "중1"이라는 표현입니다. 그럼 "고1"은 **高一 gāoyī** 이겠죠!

004 到楼上去。
Dào lóushàng qù

005 到楼下去看看。
Dào lóuxià qù kànkan

---

001. 고등학교에 다닙니다.
002. 몇 학년 입니까?
003. 중학교 1학년 (중1)입니다.
004. 위층에 갑니다.
005. 아래층에 가보세요.

- 초등학교 **小学** xiǎoxué
- 중간학교 **中学** zhōngxué
  - **初中** 중학교 chūzhōng
  - **高中** 고등학교 gāozhōng
- 대학교 **大学** dàxué
- 계단, 층 **楼** lóu
  - **楼上** 위층 lóushàng
  - **楼下** 아래층 lóuxià

DAY 1

006 你是哪国人?
Nǐ shì nǎguórén

007 你是哪年出生的?
Nǐ shì nǎnián chūshēngde

008 你是从哪儿来的?
Nǐ shì cóng nǎr lái de

009 北方人个子高高的。
Běifāngrén gèzi gāogāo de

010 他脸红红的。
Tā liǎn hónghóng de

---

006. 당신은 어느 나라 사람입니까?
007. 당신은 어느 년도에 태어났습니까?
008. 당신은 어디에서 왔습니까?
009. 북방인은 키가 매우 큽니다.
010. 그는 얼굴이 매우 빨갛습니다.

□ 동남서북
东 南 西 北
dōng nán xī běi

Step3 서바이벌 문장 180

011 老师对我很好。
Lǎoshī duì wǒ hěn hǎo

012 老板对我们很热情。
Lǎobǎn duì wǒmen hěn rèqíng

013 我对学汉语有兴趣。
Wǒ duì xué hànyǔ yǒu xìngqu

014 他对游泳有兴趣。
Tā duì yóuyǒng yǒu xìngqu

015 他对打乒乓球有兴趣。
Tā duì dǎ pīngpāngqiú yǒu xìngqu

---

011. 선생님은 저에게 매우 잘해주십니다.

012. 사장님은 우리에게 매우 친절하십니다.

013. 나는 중국어 공부에 흥미가 있습니다.

014. 그는 수영에 흥미가 있습니다.

015. 그는 탁구 치는 것에 흥미가 있습니다.

□ 친절하다, 열정적이다
热情
rèqíng

□ 수영하다
游泳
yóuyǒng

□ 탁구를 치다
打乒乓球
dǎ pīngpāngqiú

DAY 1

Recheck! 중요 패턴

- 上　　　　(학교) 다니다

- 哪　　　　(의문사) 어느

- (是) ~ 的 강조의 의미 (주로 "누구, 어디, 어떻게, 언제, 왜" 를 강조할 때 쓰이는 구문)

- 형용사 중첩 (的) <형용사>를 중첩(重叠)하면 "매우"의 의미를 갖는다.

- 对~ 有兴趣　　~에 (대해) 흥미가 있다.
  대는 <동사>로 쓰이면 "맞다"는 뜻이지만 <개사(介词)=전치사>로 쓰이면 "~에 대해(서)"라는 뜻이다.

Step3 리딩 구문 체크하기

 병음 없이 다음 구문을 읽어봅시다.

白圆圆上初中一年级。

☑ 1학년에 다니다

他是韩国人。

是2005年出生的。

☑ 2005년에 태어났다

他个子很高，有1.68米。（一米六八）

他眼睛大大的、鼻子高高的。

☑ 눈이 크다

DAY 1

- 白圆圆
- 初一
- 韩国人
- 2005年出生的

他有黑色的头发。

☑ 검은 머리카락

他有白色的皮肤。

☑ 하얀 피부

他的脸圆圆的、胖胖的。

☑ 동그랗다

他对各种运动有兴趣。

☑ 에 흥미가 있다

Step4 Word by Word

◎ 学校 xuéxiào 학교 学生 xuésheng 학생

孩子(小孩儿) háizi(xiǎoháir) 아이

小学生 xiǎoxuéshēng 초등학생

初中生 chūzhōngshēng 중학생

高中生 gāozhōngshēng 고등학생

大学生 dàxuéshēng 대학생

女孩儿 nǚháir 여자아이

男孩儿 nánháir 남자아이

男的 nánde 남자

女的 nǚde 여자

◎ 国家 guójiā 국가

 法国 fǎguó 프랑스
 西班牙 xībānyá 스페인

 英国 yīngguó 영국
 加拿大 jiānádà 캐나다

 德国 déguó 독일
 澳洲 àozhōu 호주

 俄罗斯 èluósī 러시아
 新加坡 xīnjiāpō 싱가포르

DAY 1

◎ 身体 shēntǐ 신체

头发 tóufa 머리카락
脸 liǎn 얼굴
鼻子 bízi 코
皮肤 pífū 피부
下巴 xiàbǎ 턱

头 tóu 머리
眼睛 yǎnjing 눈
耳朵 ěrduo 귀
嘴 zuǐ 입

◎ 颜色 yánsè 색깔

红色 hóngsè
橙色 chéngsè
黄色 huángsè
绿色 lǜsè
蓝色 lánsè
紫色 zǐsè
黑色 hēisè
白色 báisè
灰色 huīsè

Step5　미션체크 연습문제

1. 다음을 천천히 리딩해 봅시다.

> 白圆圆上初中一年级。他是韩国人。是2005年出生的。他个子很高，有1.68米（一米六八）。他眼睛大大的、鼻子高高的。他有黑色的头发。他有白色的皮肤。他的脸圆圆的，胖胖的。他对各种运动有兴趣。

2. 다음 해석을 보고 질문을 만들어 보세요.

① 그는 성이 무엇입니까?　　　　　他_____姓？
② 이름이 뭐예요?　　　　　　　　叫_____？
③ 그는 학생입니까?　　　　　　　他是_____吗？
④ 초등학생입니까 아니면 중학생입니까?　小学生_____初中生？
⑤ 그는 어느 나라 사람입니까?　　他是_____？
⑥ 그는 몇 년도 출생했습니까?　　他是_____出生的？
⑦ 키는 얼마나 크죠?　　　　　　个子_____？
⑧ 어떻게 생겼어요?　　　　　　　长得_____？
⑨ 그는 무엇에 흥미가 있습니까?　他对什么有_____？
⑩ 그의 머리는 무슨 색깔이죠?　　他头发是_____的？
⑪ 그의 피부는 무슨 색깔이죠?　　他的皮肤是_____的？

3. 질문에 대답을 작성해보세요.

① 他贵姓？　　　_____
② 叫什么名字？　　_____
③ 他是学生吗？　　_____
④ 小学生还是大学生？_____
⑤ 他是哪国人？　　_____
⑥ 他是哪年出生的？_____
⑦ 个子多高？　　　_____

⑧ 长得怎么样？ _____

⑨ 他对什么有兴趣？ _____

⑩ 他的头发是什么颜色的？ _____

⑪ 他的皮肤是什么颜色的？ _____

4. 다음 단어를 구별하여 읽어보세요. 밑줄 친 병음에 성조를 넣으세요.

年纪 niánji 나이	年级 niánji 학년	热情 rèqíng 친절하다	请问 qingwèn 말씀 좀 물을께요
眼睛 yǎnjing 눈	安静 ānjìng 조용하다	饿 e 배고프다	俄罗斯 èluósī 러시아
头发 tóufa 머리카락	发短信 fa duǎnxìn 메시지를 보내다	皮肤 pífu 피부	丈夫 zhàngfu 남편
兴趣 xìngqu 흥미	取快递 qu kuàidì 택배를 찾다	圆圆 yuányuán 매우 동그랗다	服务员 fúwùyuan 종업원

5. 다음 형용사를 중첩하고 어기조사 "的"를 붙여 만들어 봅시다.

老　　　　冰　　　　漂亮　　　　快乐

6. 다음 그림을 참고하여 질문에 대답해보세요. ➡ 你对什么有兴趣？

学汉语　　　唱歌儿　　　爬山　　　玩游戏

7. 다음 단어 조합(组词)을 봅시다.

02

<왕초보편>에서 배웠던 방향동사 다시 외워볼까요?

Review

上来 shànglai 올라오다	下来 xiàlai 내려오다	进来 jìnlai 들어오다	出来 chūlai 나오다
上去 shàngqù 올라가다	下去 xiàqù 내려가다	进去 jìnqù 들어가다	出去 chūqù 나가다
回来 huílai 돌아오다	过来 guòlai 건너오다	起来 qǐlái 일어나다	
回去 huíqù 돌아가다	过去 guòqù 건너가다		

Day2

第二课 沙发上放着娃娃
소파에 인형이 놓여 있습니다

Survival 초급탈출 주요 미션

Step by step 미션 수행

- **Step1**　새 단어 연습

- **Step2**　리딩 구문
　　　　리딩 구문 연습
　　　　리딩 구문 탐구 : 주요 패턴 & 주요 어법

- **Step3**　서바이벌 180
　　　　서바이벌 15구문 연습
　　　　리딩 구문 체크

- **Step4**　Word by Word

Self 미션 체크

- **Step5**　미션체크 연습문제

Step1 새 단어 연습

● 새 단어

MP3 02-1

1. **张**
   zhāng
   양 종이, 탁자, 침대 등의 양사

2. **把**
   bǎ
   양 한 움큼, 손잡이가 있는 사물에 양사로 쓰임

3. **台灯**
   táidēng
   명 스탠드

4. **橡皮**
   xiàngpí
   명 지우개

5. **双人**
   shuāngrén
   명 두 사람

6. **沙发**
   shāfā
   명 소파

7. **着**
   zhe
   조 ~하고 있다, ~해져 있다

8. **娃娃**
   wáwa
   명 인형

9. **毛毯**
   máotǎn
   명 담요

10. **乱**
    luàn
    형 어지럽다, 어수선하다

11. **整齐**
    zhěngqí
    형 정연하다, 가지런하다

12. **又~ 又…**
    yòu   yòu
    (숙어) ~하면서 또한 …하다

13. **就**
    jiù
    부 곧, 바로

14. **闻到**
    wéndào
    (동+보) (냄새, 향)을 맡게 되다

참고 양 양사
조 조사 着 zhe (동태조사)
(동+보) : 동사 + 보어 (결과보어)

DAY 2

✓ 다음 단어의 성조를 주의해서 읽어봅시다.   ▶ 1성 ~ 4성 연습

1성 + 1성	2성 + 3성	3성 + 2성	4성
沙发 shāfā 소파	毛毯 máotǎn 담요	整齐 zhěngqí 깔끔하다	乱 luàn 어지럽다

✓ 다음 단어의 경성의 위치를 생각하며 연습해봅시다.   ▶ 경성 읽기

1성 + 경성	2성 + 경성	3성 + 경성	4성 + 경성
听着 tīngzhe 듣고 있다	拿着 názhe 들고 있다	写着 xiězhe 쓰여 있다, 쓰고 있다	放着 fàngzhe 놓여있다

✓ 다음은 발음할 때 주의해야 합니다.   ▶ 발음 주의

(1) 双 shuāng 쌍	sh+uāng u+ang : u는 ang보다 짧은 음, 발음할 때 u의 음이 짧더라도 꼭 발음해주어야 한다.
(2) 橡 xiàng 고무	x+iàng i+ang : i는 ang 보다 짧은 음, 음이 짧더라도 꼭 발음해주고 음이 뭉개지지 않도록 주의한다.
(3) 又 yòu 또한	i+òu : i 발음이 처음 놓이게 되면 y로 기입한다.

Step2 리딩 구문 | 리딩구문연습

第二课 沙发上放着娃娃

我 房间里 有一张 桌子、
Wǒ fángjiānli yǒu yì zhāng zhuōzi、

一 把 椅子 和 一 张 床。
yì bǎ yǐzi hé yì zhāng chuáng

桌子上 有 台灯、本子、铅笔 和 橡皮。
Zhuōzishang yǒu táidēng、běnzi、qiānbǐ hé xiàngpí

我 姐姐 的 房间里 有 一个 衣柜、一张 桌子、一把 椅子 和 一张 床，
Wǒ jiějie de fángjiānli yǒu yíge yīguì、yìzhāng zhuōzi、yìbǎ yǐzi hé yìzhāng chuáng,

还有 双人 沙发。
háiyǒu shuāngrén shāfā

沙发上 放着 娃娃 和 毛毯。
Shāfāshang fàngzhe wáwa hé máotǎn

我的 房间 又 乱 又 脏。
Wǒ de fángjiān yòu luàn yòu zāng

姐姐的 房间 又 整齐 又 干净。
Jiějie de fángjiān yòu zhěngqí yòu gānjìng

进 她的 房间里 去，就能 闻到 很 香的 味道。
Jìn tā de fángjiānli qù, jiù néng wéndào hěn xiāng de wèidao

DAY 2

姐姐的房间

 **다음 단어를 써보고 외워봅시다**

衣柜	yīguì	衣柜	옷장
双	shuāng	双	쌍
放着	fàngzhe	放着	놓여져있다
乱	luàn	乱	지저분하다
整齐	zhěngqí	整齐	가지런하다
进去	jìnqù	进去	들어가다
闻到	wéndào	闻到	(냄새, 향기를) 맡게 되다

해석

내 방 안에는 책상, 의자, 침대가 있습니다.
책상 위에는 스탠드, 노트, 연필 그리고 지우개가 있습니다.
나의 누나의 방은 옷장, 책상, 의자 그리고 침대가 있습니다.
그밖에 2인 소파가 있습니다.
소파 위에는 인형과 담요가 놓여 있습니다.
나의 방은 지저분하고 더럽습니다.
누나의 방은 정돈되어 있고 깨끗합니다.
누나 방에 들어가면 매우 향긋한 냄새를 맡을 수 있습니다.

Step2 리딩 구문 | 리딩구문탐구

◆ 주요 패턴

① 这个房间又干净又漂亮。 Zhège fángjiān yòu gānjìng yòu piàoliang
이 방은 깨끗하고 예쁩니다.

② 这道菜又香又好吃。 Zhèdào cài yòu xiāng yòu hǎochī
이 음식은 향긋하고 맛있습니다.

③ 这里又吵又乱。 Zhèli yòu chǎo yòu luàn
여기는 시끄럽고 지저분합니다.

① 每天七点就起床。 Měitiān qīdiǎn jiù qǐchuáng
매일 7시면 일어납니다.

② 吃饭就走! Chīfàn jiù zǒu
밥 먹고 바로 갑시다!

③ 回到家就洗手。 Huídào jiā jiù xǐ shǒu
집에 돌아가서 바로 손을 씻습니다.

DAY 2

 중국어의 자주 쓰이는 문장 부호를 봅시다.

중국어 리딩 구문을 보다 보면 [、] 이 기호가 자주 등장합니다. 쉼표 [,]와는 다른 기호입니다.

[、]	**顿号**	dùnhào	단어나 구를 나열할 때 이 기호를 씁니다.
[,]	**逗号**	dòuhào	말 중간에 쉼표 , 한국어에 쉼표와 같습니다.
[。]	**句号**	jùhào	문장이 끝났을 때 찍는 마침표. 중국어의 마침표는 [。]

Step2 리딩 구문 | 리딩구문탐구

● 주요 어법

1 放着 놓여있다
fàngzhe

● V 着 ~하고 있다, ~ 해져 있다 (지속, 진행)

<1- 왕초보편 제12강>에서 [동사 + 过(경험)]를 배운 적 있다. 동사에 过guo 를 붙여서 "(경험)~한 적 있다"라는 뜻을 표현한다.
여기서는 **着zhe** 를 배워보자. **着는 "(지속)~ 하고 있다, ~ 해져 있다"라는 뜻**을 갖는다.
부정(否定)은 [동사+过]때와 마찬가지로 [没 (有)]로 한다.
(예) 没去过 간 적 없다, 没放着 놓여 있지 않다

➡ 동사에 붙어 있는 《过 (경험), 着 (지속), 了 (완료) 》 이를 **동태조사**라 한다.
<**참고**- 제3과에서 "동태조사"를 정리해보자. P.57>

① 房间里放着。Fángjiānli fàngzhe 방안에 놓여있습니다.

② 这里坐着。Zhèli zuòzhe 여기에 앉아있습니다.

③ 前边站着。Qiánbian zhànzhe 앞에 서있습니다.

2 张 / 把 / 双 / 个
zhāng bǎ shuāng ge

● 여러 가지 양사

① 一张桌子 yì zhāng zhuōzi   一张床 yì zhāng chuáng   两张纸 liǎng zhāng zhǐ
   탁자   침대   종이 두 장

② 一双筷子 yì shuāng kuàizi   一双袜子 yìshuāng wàzi   一双鞋 yì shuāng xié
   젓가락   양말   신발

③ 一把椅子 yì bǎ yǐzi   一把大米 yì bǎ dàmǐ
   의자   쌀 한줌

④ 一个人 yí ge rén   两个孩子 liǎng ge háizi
   한 사람   두 아이

3 进去 들어가다
jìnqù

방향동사

제2과 도입부에 왕초보편에서 배운 방향 동사들을 다시 체크해보았다.
이런 **방향 동사들에 목적어가 장소가 올 경우**에 **장소목적어**는 来/去 앞에 놓이게 된다.

上来 shànglai 올라오다	下来 xiàlai 내려오다	进来 jìnlai 들어오다	出来 chūlai 나오다
上去 shàngqù 올라가다	下去 xiàqù 내려가다	进去 jìnqù 들어가다	出去 chūqù 나가다
回来 huílai 돌아오다	过来 guòlai 건너오다	起来 qǐlái 일어나다	
回去 huíqù 돌아가다	过去 guòqù 건너가다		

(예) 안으로 들어가세요 → 进去 + 里面 → 进去 + 里面 → 进 里面 去 (○)
　　　　　　　　　　　　　　　　장소
　　　　　　　　　　　　　　　　목적어

① 누나 방에 들어갑니다. → 进姐姐的房间里去 jìn jiějie de fángjiānli qù

② 집에 돌아갑니다. → 回家去 huí jiā qù

③ 방안에 들어옵니다. → 进房间里来 jìn fángjiānli lái

Step3 서바이벌 문장 180

016 家里有人吗?
Jiāli yǒu rén ma

017 这里有人吗?
Zhèli yǒu rén ma

018 那里有没有韩国人?
Nàli yǒu méiyǒu Hánguórén

019 这里有没有这个?
Zhèli yǒu méiyǒu zhège

020 桌子上有没有我的手机?
Zhuōzi shang yǒu méiyǒu wǒde shǒujī

---

016. 집에 사람 있습니까?

017. 여기 사람 있습니까?

018. 거기에 한국 사람 있습니까?

019. 여기에 이거 있나요?

020. 책상 위에 제 핸드폰이 있나요?

DAY 2

021 这里坐着。
Zhèli zuòzhe

022 前面站着。
Qiánmiàn zhànzhe

023 门口放着东西。
Ménkǒu fàngzhe dōngxi

024 书上写着名字。
Shū shang xiězhe míngzi

025 本子上没写着字。
Běnzi shang méi xiězhe zì

---

021. 여기 앉아계세요.

022. 앞에 서계세요.

023. 입구에 물건이 놓여 있습니다.

024. 책에 이름이 쓰여 있습니다.

025. 노트에 글자가 쓰여 있지 않습니다.

Step3 서바이벌 문장 180

026 整整齐齐的。
Zhěng zhěng qí qí de

027 又香又好吃。
Yòu xiāng yòu hǎochī

028 进门口去吧！
Jìn ménkǒu qù ba

029 回家就打电话。
Huíjiā jiù dǎ diànhuà

030 到了就打电话。
Dào le jiù dǎ diànhuà

---

026. 매우 단정합니다. (깔끔합니다)

027. 향긋하고 맛있어요.

028. 입구로 들어가주세요!

029. 집에 가서 전화해요.

030. 도착했으면 바로 전화하세요.

DAY 2

Recheck! 중요 패턴

- **장소 有没有 사물 이나 사람?** 장소에 (사물, 사람)이 있습니까 없습니까
- **동사 着**　　진행이나 지속
- **又 ~ 又 …**　~ 하고 … 하다
- **방향 동사에서 "장소 목적어"의 위치**
- **~ 就 …**　~ 하면(하자) 바로 … 하다.

Memo

Step3 리딩 구문 체크하기

 병음 없이 다음 구문을 읽어봅시다.

我房间里有一张桌子、

☑ 방에 책상이 있다

一把椅子和一张床。

☑ 의자 하나

桌子上有台灯、本子、铅笔和橡皮。

☑ 책상에 스탠드가 있다

我姐姐的房间里有一个衣柜、一张桌子、一把椅子和一张床，

还有双人沙发。

☑ 2인 소파

DAY 2

姐姐的房间

沙发上放着娃娃和毛毯。

☑ 소파에 인형이 놓여 있다

我的房间又乱又脏。

☑ 지저분하고 더럽다

姐姐的房间又整齐又干净。

☑ 가지런하고 깔끔하다

进她的房间里去，就能闻到很香的味道。

☑ 그녀의 방에 들어가다

Step4 Word by Word

◎ 形容词 형용사 (정반형용사)

脏 zāng 더럽다		干净 gānjìng 깨끗하다	
乱 luàn 어지럽다, 엉망이다		整齐 zhěngqí 가지런하다	
复杂 fùzá 복잡하다		简单 jiǎndān 간단하다	
香 xiāng 향긋하다		臭 chòu 구리다, 냄새나다	

◎ 家具 jiājù 가구

床 chuáng 침대

桌子 zhuōzi 책상

衣柜 yīguì 옷장

书架 shūjià 책꽂이

椅子 yǐzi 의자

沙发 shāfā 소파

凳子 dèngzi (등받이 없는) 의자

DAY 2

◎ 文具 wénjù 문구

笔盒 bǐhé 필통	蜡笔 làbǐ 크레용	铅笔 qiānbǐ 연필	橡皮 xiàngpí 지우개	尺子 chǐzi 자
胶 jiāo 풀, 본드	本子 běnzi 노트	课本 kèběn 교재	杂志 zázhì 잡지	报纸 bàozhǐ 신문

◎ 小型家电 xiǎoxíng jiādiàn 소형가전

电视 diànshì TV	电脑 diànnǎo 컴퓨터	冰箱 bīngxiāng 냉장고
空调 kōngtiáo 에어컨	手机 shǒujī 핸드폰	电子笔记本 diànzi bǐjìběn 노트북
耳机 ěrjī 이어폰	音响 yīnxiǎng 스피커	台灯 táidēng 스탠드

Step5 미션체크 연습 문제

1. 다음을 천천히 리딩해 봅시다.

我房间里有一张桌子、一把椅子和一张床。桌子上有台灯、本子、铅笔和橡皮。我姐姐的房间里有一个衣柜、一张桌子、一把椅子和一张床,还有双人沙发。沙发上放着娃娃和毛毯。
我的房间又乱又脏。 姐姐的房间又整齐又干净。
进她的房间里去,就能闻到很香的味道。

2. 다음 해석을 보고 질문을 만들어 보세요.

① 그의 방에 무엇이 있습니까?　　　　他的房间里_____?
② 책상 위에 무엇이 있습니까?　　　　_____有什么?
③ 그의 누나 방에는 무엇이 있습니까?　他姐姐的房间里_____?
④ 누나 방의 소파는 얼마나 큽니까?　　姐姐房间里的沙发_____?
⑤ 소파에 무엇이 놓여져 있습니까?　　沙发上_____?
⑥ 그의 방은 어때요?　　　　　　　　他的房间_____?
⑦ 누나의 방은 어때요?　　　　　　　姐姐的房间_____?

3. 질문에 대답을 작성해보세요.

① _____
② _____
③ _____
④ 2인이 앉을 수 있습니다.
⑤ _____
⑥ _____
⑦ _____

DAY 2

4. 다음 단어를 구별하여 읽어보세요. 밑줄 친 병음에 성조를 넣으세요.

毛毯 máotan	谈话 tánhuà	橡皮 xiangpí	好像 hǎoxiàng
담요	담화하다	지우개	~ 것 같다
一把 yìba	好吧 hǎoba	下巴 xiàbǎ	
한 줌	좋아요	턱	

5. 다음 형용사들에 병음을 달고 형용사를 又 ~ 又 … 붙여 만들어봅시다.

香 / 干净 →

干净 / 整齐 →

便宜 / 新鲜 →

漂亮 / 方便 →

6. 다음 단어 조합 (组词)을 봅시다.

	鞋
衣	柜
服	

橡	
皮	肤

餐	
桌	子

	沙
头	发

03

Review

<왕초보편>에서 배웠던 동사+목적어(동빈)단어 다시 외워볼까요?

起床	qǐ chuáng	일어나다	听音乐	tīng yīnyuè	음악을 듣다
洗脸	xǐ liǎn	세수하다	做作业	zuò zuòyè	숙제하다
刷牙	shuā yá	양치질하다	唱歌儿	chàng gēr	노래를 부르다
穿衣服	chuān yīfu	옷을 입다	跳舞	tiào wǔ	춤을 추다
见朋友	jiàn péngyou	친구를 만나다	取快递	qǔ kuàidì	택배를 찾다
聊天儿	liáo tiānr	수다 떨다	收费	shōu fèi	비용을 받다
回家	huí jiā	집에 돌아가다	搬家	bān jiā	이사하다
做菜	zuò cài	요리하다	睡觉	shuì jiào	잠자다

Day3

第三课 北京的天气怎么样
북경의 날씨는 어때요

Survival 초급탈출 주요 미션

Step by step 미션 수행

- **Step1** 새 단어 연습

- **Step2** 리딩 구문
  리딩 구문 연습
  리딩 구문 탐구 : 주요 패턴 & 주요 어법

- **Step3** 서바이벌 180
  서바이벌 15구문 연습
  리딩 구문 체크

- **Step4** Word by Word

Self 미션 체크

- **Step5** 미션체크 연습문제

Step1 새 단어 연습

◆ 새 단어

MP3 03-1

1. **决定**
   ⑲⑧ juédìng
   결정(하다)

2. **刚刚**
   gānggāng
   ⑼ 막, 방금

3. **习惯**
   xíguàn
   ⑲⑧ 습관, 습관이 되다

4. **干燥**
   gānzào
   ⑲ 건조하다, 재미가 없다

5. **空气**
   kōngqì
   ⑲ 공기

6. **刮风**
   guāfēng
   (동+빈) 바람이 불다

7. **变**
   biàn
   ⑧ 변하다

8. **晴**
   qíng
   ⑧ 개다 ⑲ 맑다

9. **搬**
   bān
   ⑧ 옮기다, 운반하다

10. **潮湿**
    cháoshī
    ⑲ 습하다, 축축하다, 눅눅하다

11. **下雨/ 雪**
    xià yǔ/ xuě
    (동+빈) 비/눈이 내린다

12. **常常**
    chángcháng
    ⑼ 자주

13. **阴天**
    yīntiān
    ⑲ 흐린 하늘, 흐린 날씨

14. **冬天**
    dōngtiān
    ⑲ 겨울

참고 **(동+빈)** : 동사 + 빈어(=목적어)

DAY 3

✓ 다음 단어의 성조를 주의해서 읽어봅시다.
▶ 1성 ~ 4성 연습

1성	2성	3성	4성
刚刚 gānggāng 방금	常常 chángcháng 자주	雨 yǔ 비	变 biàn 변하다
阴天 yīntiān 흐린 날	学 xué 공부하다	雪 xuě 눈	
刮风 guāfēng 바람이 불다			

✓ 다음은 발음할 때 주의해야 합니다.
▶ 발음 주의

(1) 决定 juédìng 결정하다
   学 xué 공부하다
   雪 xuě 눈

üe는 자음 j, q, x와 함께 쓰일 때, 기입할 때 ü의 ¨ 을 생략하고 기입한다.

(2) 刮 guā (바람이)불다. 긁다
   习惯 xíguàn 습관이 되다

ua는 u와 a의 결합모음이다. 음의 길이는 u 보다 중요모음인 a 가 더 길다. 단지, 발음할 때 짧더라도 u음을 확실히 발음하도록 한다. [u+a], [u+an]

(3) 干燥 gānzào 건조하다
   叫 jiào ~를 부르다
   照片 zhàopiàn 사진

zi, ji, zhi : 이 세 자음을 구별하여 읽기 연습해보자. 순서대로 설치음, 설면음, 권설음이고, "쯔, 지, ㅉㅇ"라고 읽는다.
< 1- 왕초보편 발음마스터과정04 참고>

제3과 북경의 날씨는 어때요 053

Step2 리딩 구문 | 리딩구문연습

第三课 北京的天气怎么样

我对中国很有兴趣。
Wǒ duì Zhōngguó hěn yǒu xìngqu

我**决定**了去北京学汉语。
Wǒ **juédìng** le qù Běijīng xué hànyǔ

刚刚到北京的时候, 我对北京的天气不**习惯**。
Gāng gāng dào Běijīng de shíhou, wǒ duì Běijīng de tiānqì bù **xíguàn**

北京的天气很干燥。
Běijīng de tiānqì hěn gānzào

空气不太好, **下雨**下得很少。 常常**刮大风**。
Kōngqì bútài hǎo, xià yǔ xià de hěn shǎo. Chángcháng guā dàfēng

风过去以后, 天**变**晴了。
Fēng guòqù yǐhòu, tiān **biàn** qíng le

我现在**搬**到上海来了。
Wǒ xiànzài **bān**dào Shànghǎi lái le

上海的天气很潮湿。
Shànghǎi de tiānqì hěn cháoshī

上海常常下雨。阴天很多。
Shànghǎi chángcháng xià yǔ. Yīntiān hěn duō

上海冬天**下雪**下得很少。
Shànghǎi dōngtiān xià xuě xià de hěn shǎo

DAY 3

북경

상해

다음 단어를 써보고 외워봅시다

- 决定 juédìng　决定　결정하다
- 习惯 xíguàn　习惯　습관, 습관되다
- 下雨 xiàyǔ　下雨　비가 내리다
- 刮风 guāfēng　刮风　바람이 불다
- 变了 biànle　变了　변했다
- 搬 bān　搬　옮기다
- 下雪 xiàxuě　下雪　눈이 내리다

해석

나는 중국에 매우 흥미가 있습니다.

나는 북경에 중국어를 공부하러 가기로 결정했습니다.

막 북경에 갔을 때, 나는 북경의 날씨에 습관이 되지 않았습니다.

북경의 날씨는 매우 건조합니다.

공기가 그다지 좋지 않습니다. 비는 매우 적게 옵니다. 자주 바람이 붑니다.

바람이 지나가고 나면 하늘이 맑게 변합니다.

지금 나는 상해로 이사 왔습니다.

상해의 날씨는 습합니다.

상해는 자주 비가 내리고, 흐린 날이 매우 많습니다.

상해는 겨울에 매우 적게 눈이 내립니다.

Step2 리딩 구문 | 리딩구문탐구

● 주요 패턴

1 ~ 以前 / ~ 以后
yǐqián / yǐhòu

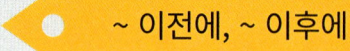
~ 이전에, ~ 이후에

① 吃饭以前，洗手！ Chīfàn yǐqián, xǐshǒu
밥 먹기 전에 손을 씻으세요!

② 回家以后，打电话！ Huíjiā yǐhòu, dǎ diànhuà
집에 돌아간 후에 전화하세요!

③ 做作业以后，看电视！ Zuò zuòyè yǐhòu, kàn diànshì
숙제 한 이후에 텔레비전 보세요!

2 刚(刚) ~ 的时候
Gāng(gāng) de shíhou

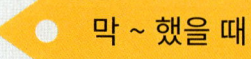
막 ~ 했을 때

① 刚到北京的时候，特别紧张。 Gāng dào Běijīng de shíhou, tèbié jǐnzhāng
막 북경에 도착했을 때 특히 긴장했습니다.

② 刚刚开门的时候，没有客人。 Gāng gāng kāimén de shíhou, méiyǒu kèrén
막 문을 열었을 때는 손님이 없었습니다.

③ 他刚走的时候，我特别想看他。 Tā gāng zǒu de shíhou, wǒ tèbié xiǎng kàn tā
그가 막 떠났을 때 나는 특히 그가 보고 싶었습니다.

3 变 ~ 了
biàn le

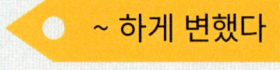
~ 하게 변했다

① 他的头发变白了。 Tā de tóufà biàn bái le
그의 머리가 하얗게 변했습니다.

② 我的衣服洗以后，变小了。 Wǒ de yīfu xǐ yǐhòu, biàn xiǎo le
나의 옷은 세탁 후에 작게 줄었습니다.

③ 他的脸变红了。 Tā de liǎn biàn hóng le
그의 얼굴이 빨갛게 변했습니다.

● 주요 어법

1 决定了 & 变晴了
juédìngle   biànqíngle

동태조사 了 & 어기조사 了

동태 조사란 동작 혹은 상태의 완성, 진행, 경험을 나타내는 조사를 말한다. 일반적으로 동사 뒤에 붙는다. 동태 조사는 《了 / 着 / 过》가 있고 순서대로 "완료 / 지속 / 경험"의 의미로 쓰인다.

부정(否定)은 [没 méi]로 표현한다. <1-왕초보편 제12과, 2-초보탈출편 제2과 참고 >

吃了	喝了	拿了	走了	看了
chīle	hēle	nále	zǒule	kànle
먹었다	마셨다	들고왔다	갔다	보았다
没吃	没喝	没拿	没走	没看
méichī	méihē	méiná	méizǒu	méikàn
먹지 않았다	마시지 않았다	들고 오지 않았다	가지 않았다	보지 않았다

吃着	喝着	拿着	写着	看着
chīzhe	hēzhe	názhe	xiězhe	kànzhe
먹고 있다	마시고 있다	들고 있다	쓰고(쓰여) 있다	보고 있다
没吃着	没喝着	没拿着	没写着	没看着
méichīzhe	méihēzhe	méinázhe	méixiězhe	méikànzhe
먹고 있지 않다	마시고 있지 않다	들고 있지 않다	쓰고(쓰여) 있지 않다	보고 있지 않다

吃过	喝过	来过	去过	看过
chīguo	hēguo	láiguo	qùguo	kànguo
먹은 적 있다	마신 적 있다	온 적 있다	간 적 있다	본 적 있다
没吃过	没喝过	没来过	没去过	没看过
méichīguo	méihēguo	méiláiguo	méiqùguo	méikànguo
먹어 본 적 없다	마신 적 없다	온 적 없다	간 적 없다	본 적 없다

Step2 리딩 구문 | 리딩구문탐구

어기 조사란 문장 끝에 쓰이며 각기 다른 어감을 주는 조사이다. 대표적인 어기조사는
《 吗 ma， 呢 ne， 吧 ba， 了 le， 的 de … 》

여기서 어기 조사로서의 《了》는 대표적인 뜻이 "변화"의 어감이다. 형용사술어문 혹은 상태동사술어문의 문장 끝에서 주로 쓰인다.

高了 gāole (키가) 커졌다	红了 hóngle 빨개졌다	好了 hǎole 좋아졌다	贵了 guìle 비싸졌다	多了 duōle 많아졌다
白了 báile 하얘졌다	饿了 èle 배고파졌다	变了 biànle 변했다	冷了 lěngle 추워졌다	进步了 jìnbùle 발전되었다

2 下雨下得很少
Xià yǔ xià de hěn shǎo

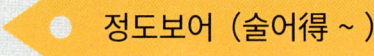 정도보어 (술어得~)

보어란 술어를 보충해주는 성분을 말한다.
정도 보어란 동사나 형용사의 뒤에서 동작이 어느 정도나 상태에 이르렀음을 보충해주는 성분이다.

<1- 왕초보편>에서 어법 기초를 다지기 위해 배웠던 기본어순이다. 기본어순을 참고하여 정도 보어의 어순을 살펴보자.

중국어 기본 어순

 ◇ ▽ ☆

➡ 주어와 술어 사이에 부사어(=상황어) ◇ 가, 술어 뒤에는 술어 보충성분인 보어 ▽ 가 놓인다.
➡ 어기 조사 ☆는 문장 끝에 놓인다.

DAY 3

➲ **정도 보어**의 경우는 형태가 《 술어 **得** 정도 보어 》이며 **목적어는 앞으로** 보낸다.

❶ 汉语 说 得 不错。

❷ 说汉语 说 得 不错。

☞ 汉语에 붙는 술어를 붙여서 문장을 반복하는 형태를 써도 된다.

■ 정도 보어 <술(어)부> 만 연습해보자.

说得不错 shuō de búcuò
말을 괜찮게 한다 (했다)

写得不错 xiě de bú cuò
괜찮게 쓴다 (썼다)

刮得很大 guā de hěn dà
바람이) 많이 분다 (불었다)

吃得很多 chī de hěn duō
매우 많이 먹는다 (먹었다)

来得很早 lái de hěn zǎo
매우 일찍 온다 (왔다)

睡得很早 shuì de hěn zǎo
매우 일찍 잔다 (잤다)

学得很好 xué de hěn hǎo
공부를 매우 잘 한다 (했다)

做得很好 zuò de hěn hǎo
매우 잘 만든다 (만들었다)

下得很大 xià de hěn dà
매우 많이 내린다 (내렸다)

喝得很多 hē de hěn duō
매우 많이 마신다 (마셨다)

起得很早 qǐ de hěn zǎo
매우 일찍 일어난다 (일어났다)

来得很晚 lái de hěn wǎn
매우 늦게 온다 (왔다)

➲ 정도 보어는 자주 일어나는 상황이나 이미 일어난 상황에 대한 표현으로 쓰인다.

제3과 북경의 날씨는 어때요 059

Step3　서바이벌 문장 180

031 吃饭以后，走吧！
Chīfàn yǐhòu, zǒuba

032 下课以后，有时间吗？
Xiàkè yǐhòu, yǒu shíjiān ma

033 下午三点以后，我要回家。
Xiàwǔ sāndiǎn yǐhòu, wǒ yào huíjiā

034 他刚刚走了。
Tā gānggāng zǒu le

035 我刚到家了。
Wǒ gāng dào jiā le

---

031. 밥 먹은 이후에 갑시다!

032. 수업이 끝난 후에 시간이 있습니까?

033. 오후 3시 이후에 저는 집에 가려고 합니다.

034. 그는 방금 갔습니다.

035. 저는 방금 집에 도착했습니다.

- 시간, 여유
  时间
  shíjiān

- 막, 방금
  刚 / 刚刚
  gāng gānggāng

DAY 3

036 有点儿不习惯。
Yǒudiǎnr bù xíguàn

037 有点儿不合适。
Yǒudiǎnr bù héshì

038 饿了 / 冷了 / 热了
è le　　lěng le　　rè le

039 潮湿了 / 干燥了
cháoshī le　　gānzào le

040 吃得很少。
Chī de hěn shǎo

---

036. 좀 익숙지 않습니다. (적응되지 않습니다)

037. 약간 적합하지 (어울리지) 않습니다.

038. 배고파졌습니다 / 추워졌습니다 / 더워졌습니다

039. 습해졌습니다 / 건조해졌습니다

040. 매우 적게 먹습니다. (먹었습니다)

□ 적합하다
　어울리다
　合适
　héshì

Step3 서바이벌 문장 180

041 吃**得很好**。
Chī de hěn hǎo

042 说**得很好**。
Shuō de hěn hǎo

043 搬**到**楼上去。
Bāndào lóushàng qù

044 送**到**我家。
Sòngdào wǒ jiā

045 拿**到**楼上。
Nádào lóushàng

041. 매우 잘 먹습니다. (먹었습니다)

042. 말을 매우 잘합니다. (잘했습니다)

043. 위층으로 옮기세요.

044. 우리 집까지 배달해요.

045. 위층까지 가져가세요.

DAY 3

Recheck! 중요 패턴

- 刚 (刚) ~ 了   막 ~ 했다(완료)

- 형용사 了   ~ 해졌다

- 술어 得 怎么样?   ~ (정도로) 합니까? (했습니까)

- 동사 到 장소 …   … 까지 (움직이다)

✏️ **Memo**

Step3 　리딩 구문 체크하기

 병음 없이 다음 구문을 읽어봅시다.

我对中国很有兴趣。

☑ ~에 흥미가 있다

我决定了去北京学汉语。

☑ 결정하다

刚刚到北京的时候,
我对北京的天气不习惯。

☑ 막 북경에 왔을 때
☑ ~에 습관이 안되다

北京的天气很干燥。

☑ 건조하다

空气不太好,下雨下得很少。
常常刮大风。

☑ 비가 적게 내린다

风过去以后，天变晴了。

☑ 맑게 변했다

我现在搬到上海来了。

☑ ~로 옮기다

上海的天气很潮湿。
上海常常下雨。阴天很多。

☑ 젖다

上海冬天下雪下得很少。

☑ 눈이 적게 내린다

Step4 Word by Word

◎ 天气 tiānqì 날씨

下雨 xiàyǔ
비가 내리다

下雪 xiàxuě
눈이 내리다

刮风 guāfēng
바람이 불다

阴天 yīntiān
흐린 날

晴天 qíngtiān
맑은 날

◎ 별·달·구름·해

星星
xīngxing
별

月亮
yuèliang
달

云
yún
구름

太阳
tàiyáng
해

DAY 3

◎ 季节 jìjié 계절

春天
chūntiān
봄

夏天
xiàtiān
여름

秋天
qiūtiān
가을

冬天
dōngtiān
겨울

◎ 形容词 형용사

潮湿 cháoshī 습하다		干燥 gānzào 건조하다	
暖和 nuǎnhuo 따뜻하다	热 rè 덥다	凉快 liángkuai 시원하다	冷 lěng 춥다

Step5　미션체크 연습문제

1. 다음을 천천히 읽어봅시다.

我对中国很有兴趣。我决定了去北京学汉语。
刚刚到北京的时候，我对北京的天气不习惯。北京的天气很干燥。
空气不太好，下雨下得很少。常常刮大风。 风过去以后，天变晴了。
我现在搬到上海来了。
上海的天气很潮湿。上海常常下雨。 阴天很多。上海冬天下雪下得很少。

2. 다음 해석을 보고 질문을 만들어 보세요.

① 그녀는 왜 북경에 가기로 결정했습니까? 她为什么决定了_____？

② 막 북경에 도착했을 때 그녀는 무엇에 대해 습관이 안되었나요?
　　刚刚到北京的时候，她_____？

③ 북경의 날씨는 어떤가요? _____怎么样？

④ 바람이 지나간 이후에 날씨가 어떤 변화가 있습니까?
　　_____以后，天有什么变化？

⑤ 그녀는 지금 어디에 있나요? 她现在_____？

⑥ 상해의 날씨는 어떤가요? 上海的天气_____？

⑦ 상해는 겨울에 눈이 내리나요? 上海_____吗？

3. 질문에 대답을 작성해보세요.

① _____
② _____
③ _____
④ _____

⑤ _____
⑥ _____
⑦ _____

4. 다음 단어를 구별하여 읽어보세요. 밑줄 친 병음에 성조를 넣으세요.

刚刚	gānggāng	막, 방금	钢笔	gāngbǐ	만년필
晴	qing	맑다	请问	qǐngwèn	말씀 좀 물을께요
安静	ānjìng	조용하다	干净	gānjing	깨끗하다
一般	yìbān	일반적이다	搬家	banjiā	이사하다

5. 다음 같은 음절이 들어간 단어를 함께 외워 봅시다.

干燥	gānzào	건조하다	干净	gānjìng	깨끗하다
学习	xuéxí	공부하다	习惯	xíguàn	습관 되다
空调	kōngtiáo	에어컨	空气	kōngqì	공기
潮湿	cháoshī	습하다	湿巾	shījīn	물수건

6. 다음 형용사를 이용하여 变 ~ 了구문에 넣어서 연습해보고 그 구문을 해석해봅시다.

白 → _____   高 → _____

红 → _____   冷 → _____

胖 → _____   热 → _____

瘦 → _____   脏 → _____
shòu
마르다

04

Review

<왕초보편>에서 배웠던 정도 부사와 맛 관련 형용사 다시 외워볼까요?

最	zuì	가장
太~了	tài le	너무
非常	fēicháng	아주, 매우
很	hěn	매우
有点儿	yǒudiǎnr	약간
不太	bútài	그다지 ~하지 않다

不怎么	bùzěnme	별로 ~하지 않다
还	hái	아직, 더욱
酸	suān	시다
甜	tián	달다
苦	kǔ	쓰다
辣	là	맵다

Day4

第四课 面条比米饭更好吃
국수가 밥보다 더 맛있어요

Survival 초급탈출 주요 미션

Step by step 미션 수행

- **Step1** 새 단어 연습
- **Step2** 리딩 구문
  리딩 구문 연습
  리딩 구문 탐구 : 주요 패턴 & 주요 어법
- **Step3** 서바이벌 180
  서바이벌 15구문 연습
  리딩 구문 체크
- **Step4** Word by Word

Self 미션 체크

- **Step5** 미션체크 연습문제

Step1 새 단어 연습

◆ 새 단어

MP3 04-1

1. **特别** tèbié
   - 부 특히 / 형 특별하다

2. **面条** miàntiáo
   - 명 국수

3. **海鲜** hǎixiān
   - 명 해산물

4. **汤面** tāngmiàn
   - 명 탕면

5. **牛肉面** niúròumiàn
   - 명 우육면

6. **麻辣** málà
   - 형 얼얼하고 맵다

7. **味道** wèidao
   - 명 맛

8. **觉得 ~** juéde
   - 동 ~ 라 느끼다, 생각하다

9. **清淡** qīngdàn
   - 형 싱겁다

10. **宽** kuān
    - 형 넓다

11. **细** xì
    - 형 가늘다, 정교하다

12. **吃起来 ~** chīqǐlái
    - (동+보) 먹기에 ~

13. **比** bǐ
    - 개 비교) … 보다

14. **更** gèng
    - 부 훨씬 (더)

참고 개 개사(=전치사)

DAY 4

✓ 다음 단어의 성조를 주의해서 읽어봅시다.
▶ 1성 ~ 4성 연습

1성	2성	3성	4성
汤 tāng 국	糖 táng 설탕	躺 tǎng 눕다	烫 tàng 뜨겁다

✓ 여러 가지 맛 (味道 wèidao)을 나타내는 단어를 발음해봅시다.

1성	2성	3성	4성	1성 + 4성
酸 suān 시다	甜 tián / 麻 má 달다 / 얼얼하다	苦 kǔ 쓰다	辣 là 맵다	清淡 qīngdàn 싱겁다

✓ 다음은 발음할 때 주의해야 합니다.
▶ 발음 주의

(1)	宽 kuān	넓다	kuān의 uan은 u+an "우안"으로 읽는다.
(2)	海鲜 hǎixiān 甜 tián / 面 miàn	해산물 달다 / 면	xiān의 ian은 "이옌"으로 읽는다. (이얀 X)
(3)	牛肉 niúròu	쇠고기	niú n+iou : iou는 자음과 결합할 때는 o를 탈락시키고 기입하여 niu라고 쓰지만 탈락된 o의 음가는 살려서 발음한다.

Step2 리딩 구문 | 리딩구문연습

第四课 面条比米饭更好吃

我**特别**喜欢吃面条。
Wǒ tèbié xǐhuan chī miàntiáo

我爸爸也很喜欢吃面条。
Wǒ bàba yě hěn xǐhuan chī miàntiáo

我喜欢吃**海鲜汤**面，爸爸喜欢吃牛肉面。
Wǒ xǐhuan chī hǎixiān tāngmiàn, bàba xǐhuan chī niúròumiàn

我特别喜欢麻辣味道的。
Wǒ tèbié xǐhuan málà wèidao de

我觉得**清淡**的不好吃。
Wǒ juéde qīngdànde bùhǎochī

我喜欢**宽**面，爸爸喜欢**细**面。
Wǒ xǐhuān kuānmiàn, bàba xǐhuan xìmiàn

爸爸说，宽面太宽了，**吃起来**不方便
Bàba shuō, kuānmiàn tài kuān le, chīqǐlái bù fāngbiàn

但是我觉得宽的比细的**更**好吃。
dànshì wǒ juéde kuānde bǐ xìde gèng hǎochī

DAY 4

다음 단어를 써보고 외워봅시다

- 特别 tèbié　特别　특히
- 海鲜汤 hǎixiān tāng　海鲜汤　해물탕
- 清淡 qīngdàn　清淡　담백하다
- 宽 kuān　宽　넓다
- 细 xì　细　가늘다
- 吃起来 chīqǐlái　吃起来　먹기에
- 更 gèng　更　훨씬

해석

나는 면먹는 것을 특히 좋아합니다.

우리 아빠도 면을 좋아하십니다.

나는 해물탕 면을 좋아하고, 아빠는 우육면을 좋아하십니다.

나는 특히 얼얼하고 매운 맛의 것을 좋아합니다.

나는 맑고 밍밍한 것은 맛이 없다고 생각합니다

나는 넓은 면을 좋아하고 아빠는 가는 면을 좋아하십니다.

아빠는 넓은 면은 너무 넓어서 먹기에 불편하다고 하십니다.

그러나 나는 넓은 면이 가는 면보다 훨씬 맛있다고 생각합니다.

Step2 리딩 구문 | 리딩구문탐구

● 주요 패턴

1 特别 ~
tèbié

특히, 특별(특이)하다

① 这个特别贵。Zhège tèbié guì
　이것은 특히 비쌉니다.

② 这个特别好吃。Zhège tèbié hǎochī
　이것은 특히 맛있어요.

③ 我特别喜欢他。Wǒ tèbié xǐhuān tā
　나는 특히 그를 좋아합니다.

④ 他很特别。Tā hěn tèbié
　그는 매우 특별(특이)해요.

2 觉得 ~
juéde

~라 생각한다, ~라 느끼다

① 我觉得清淡的不好吃。Wǒ juéde qīngdànde bùhǎochī
　나는 밍밍한 것은 맛이 없다고 느낍니다.

② 你觉得怎么样？Nǐ juéde zěnmeyàng
　당신은 어떻다고 생각합니까?

③ 我觉得不好吃。 Wǒ juéde bù hǎochī
　나는 맛이 없다고 생각합니다.

④ 我觉得很好吃。Wǒ juéde hěn hǎochī
　나는 매우 맛있다고 생각합니다.

DAY 4

◆ 주요 어법

1 吃起来
chī qǐlái

⑧ 起来 는 아래 여러 가지 뜻을 갖는다.

1. 일어나다.
2. 분산된 것에서 집중, 모임
3. 어떤 방면에 추측이나 평가
4. ~하기 시작하다

■ 어떤 방면에 추측이나 평가로서 "~하기에"로 쓰인 예문을 보자.

➲ 看起来 보아하니, 听起来 듣자하니, 说起来 말하기엔, 做起来 하기에

① 看起来，你今天身体不好。 Kànqǐlái, nǐ jīntiān shēntǐ bùhǎo
   보아하니 당신은 오늘 몸이 안 좋은 듯합니다.

② 听起来，他有点儿生气。 Tīngqǐlai, tā yǒudiǎnr shēngqì
   듣자하니 그는 약간 화가 난 듯합니다.

③ 说起来很容易，做起来很难。 Shuōqǐlai hěnróngyì, zuòqilái hěn nán
   말하기엔 매우 쉽지만 하기엔 매우 어렵습니다.

Step2 리딩 구문 | 리딩구문탐구

2 比细的更好吃
Bǐ xìde gèng hǎochī

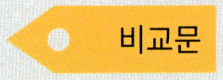 비교문

비교문이라고 하면 ~ **보다 比 [bǐ]** 표현이 가장 기본적인 형태로 사용된다. 비교문에서 "훨씬"의 의미로 <부사> 更 gèng이 자주 등장하니 비교문과 같이 연습해두자.

비교문의 여러 가지 형태

(1) A 跟 B 一样   A 와 B는 같다.
[부정] A 跟 B 不一样   A 와 B는 다르다.

(2) A 比 B ~   A는 B 보다 ~ 하다.
[부정] A 不比 B ~   A는 B 보다 ~ 못하다.

① 我的跟你的一样。 Wǒde gēn nǐde yíyàng
내 것은 당신 것과 같습니다.

② 我买的跟你买的一样。 Wǒ mǎide gēn nǐ mǎide yíyàng
내가 산 것은 당신이 산 것과 같습니다.

③ 我买的跟你买的不一样。 Wǒ mǎide gēn nǐ mǎide bù yíyàng
내가 산 것은 당신이 산 것과 다릅니다.

④ 弟弟比我高。 Dìdi bǐ wǒ gāo
남동생이 나보다 큽니다.

⑤ 他比我跑得快。 Tā bǐ wǒ pǎo de kuài
그는 나보다 빨리 뜁니다.

⑥ 你的比我的更便宜。 Nǐde bǐ wǒde gèng piányi
당신 것은 내 것보다 훨씬 쌉니다.

⑦ 你的不比我的便宜。 Nǐde bù bǐ wǒde piányi
당신 것은 제 것 만큼 싸지 않습니다.

DAY 4

✎ **Memo**

Step3 서바이벌 문장 180

046 比这个更好吃。
Bǐ zhège gèng hǎochī

047 比我的更好。
Bǐ wǒde gèng hǎo

048 比你的更便宜
Bǐ nǐde gèng piányi

049 比她漂亮。
Bǐ tā piàoliang

050 比她还漂亮。
Bǐ tā hái piàoliang

> ● 更 gèng, 还 hái
>
> 비교문에서는 "훨씬, 더욱"의 의미를 쓸 때 更 gèng이나 还 hái 를 씁니다.
> ✓ 비교문에서 很 hěn, 非常 fēicháng 은 쓰지 않습니다.

---

046. 이것보다 훨씬 맛있습니다.

047. 내 것보다 훨씬 좋습니다.

048. 당신 것보다 훨씬 쌉니다.

049. 그녀보다 예쁩니다.

050. 그녀보다 훨씬 예쁩니다.

DAY 4

051 闻起来，很香。
Wénqǐlái, hěn xiāng

052 看起来，很年轻。
Kànqǐlái, hěn niánqīng

053 听起来，特别好听。
Tīngqǐlái, tèbié hǎotīng

054 拿起来，很重。
Náqǐlái, hěnzhòng

055 做起来，特别难。
Zuòqǐlái, tèbié nán

051. 냄새를 맡으니 매우 향긋합니다.
052. 보아하니 매우 젊습니다.
053. 듣자 하니 매우 듣기 좋습니다.
054. 들기에 매우 무겁습니다.
055. 하기에 특히 어렵습니다.

- (냄새) 맡다
  闻 wén

- 젊다
  年轻 niánqīng

Step3 서바이벌 문장 180

056 你觉得怎么样？
Nǐ juéde zěnmeyàng

057 他觉得不舒服。
Tā juéde bù shūfu

058 我觉得很冷。
Wǒ juéde hěn lěng

059 妈妈觉得有点儿贵。
Māma juéde yǒudiǎnr guì

060 我觉得有点儿不好意思。
Wǒ juéde yǒudiǎnr bùhǎoyìsi

---

056. 당신이 느끼기에 어떻습니까?

057. 그는 편치 않다고 느꼈습니다.

058. 저는 매우 춥다고 느꼈습니다.

059. 엄마는 조금 비싸다고 생각했습니다.

060. 저는 조금 창피하다고 느꼈습니다.

□ (몸이) 편하다
舒服
shūfu

□ 미안하다, 창피하다, 겸연쩍다
不好意思
bùhǎoyìsi

DAY 4

Recheck! 중요 패턴

- **特别** 특히
- **比 ~** ~보다 (비교문)
- **起来 ~** 하기에
- **觉得怎么样?** 어떻게 생각합니까(느낍니까)?

 Memo

Step3 리딩 구문 체크하기

 병음 없이 다음 구문을 읽어봅시다.

我特别喜欢吃面条。

☑ ~를 특히 좋아한다

我爸爸也很喜欢吃面条。

我喜欢吃海鲜汤面,
爸爸喜欢吃牛肉面。

☑ 해물탕면 / 우육면

我特别喜欢麻辣味道的。

☑ 얼얼하고 매운 맛

DAY 4

我觉得清淡的不好吃。

☑ 밍밍하고 싱겁다

我喜欢宽面，爸爸喜欢细面。

☑ 넓다 / 가늘다

爸爸说，宽面太宽了，
吃起来不方便，

☑ 먹기에 ~

但是我觉得宽的比细的更好吃。

☑ 가는 것 보다 훨씬 맛있다

Step4 Word by Word

◎ 形容词 형용사

麻辣 málà 마라(얼얼하고 맵다)	清淡 qīngdàn 밍밍하다, 싱겁다	辣 là 맵다	咸 xián 짜다
甜 tián 달다	酸 suān 시다	苦 kǔ 쓰다	
宽 kuān 넓다	细 xì 가늘다	方便 fāngbiàn 편리하다	舒服 shūfu 편하다

◎ 비교문에 많이 등장하는 단어

一样 yíyàng 같다	不一样 bùyíyàng 다르다	差不多 chàbuduō 거의, 비슷하다	更 gèng 훨씬
比 bǐ ~보다	不比 bù bǐ 비교할 수 없다	差不多一样 chàbuduō yíyàng 거의 똑같다	还 hái 더욱

DAY 4

◎ 肉 ròu 고기 · 海鲜 hǎixiān 해산물 · 蔬菜 shūcài 야채

猪肉
zhūròu
돼지고기

牛肉
niúròu
쇠고기

羊肉
yángròu
양고기

鸡肉
jīròu
닭고기

海鲜
hǎixiān
해산물

蔬菜
shūcài
야채

泡菜
pàocài
김치

汤
tāng
국

面条
miàntiáo
국수

Step5 미션체크 연습문제

1. 다음을 천천히 읽어봅시다.

我特别喜欢吃面条。 我爸爸也很喜欢吃面条。
我喜欢吃海鲜汤面，爸爸喜欢吃牛肉面。
我特别喜欢麻辣味道的。我觉得清淡的不好吃。
我喜欢宽面，爸爸喜欢细面。
爸爸说，宽面太宽了，吃起来不方便，但是我觉得宽的比细的更好吃。

2. 다음 해석을 보고 질문을 완성해 보세요.

① 그의 아빠는 면을 좋아합니까 밥을 좋아합니까?

　他爸爸喜欢吃_____还是吃_____?

② 그는 해물탕 면을 좋아합니까 우육면을 좋아합니까?

　他喜欢_____还是_____?

③ 그는 마라 맛을 좋아합니까 깔끔한 맛을 좋아합니까?

　他喜欢_____还是_____?

④ 아빠는 넓은 면을 좋아합니까 가는 면을 좋아합니까?

　他爸爸喜欢_____还是_____?

⑤ 아빠는 왜 가는 면을 더 좋아합니까?

　爸爸为什么_____细面？

⑥ 그는 어느 면이 훨씬 맛있다고 생각합니까?

　他觉得_____?

3. 질문에 대답을 작성해보세요.

① _____
② _____
③ _____

④ _____
⑤ _____
⑥ _____

4. 다음 단어를 구별하여 읽어보세요. 밑줄 친 병음에 성조를 넣으세요.

晴天 qíngtiān	清淡 qingdàn	热情 rèqíng	请问 qingwèn
맑은 날	싱겁다	친절하다	말씀 좀 물을께요

5. 다음 같은 음절이 들어간 단어를 함께 외워 봅시다.

海**鲜**	hǎixiān	해산물	新**鲜**	xīnxiān	신선하다
牛奶	niúnǎi	우유	**牛**肉	niúròu	쇠고기
特**别**	tèbié	특히	**别**的	biéde	다른 것
吃**起**来	chīqǐlái	먹기에	**起**床	qǐchuáng	기상하다, 일어나다
一**条**鱼	yìtiáoyú	물고기 한 마리	面**条**	miàntiáo	국수

6. 다음 선택의문문에 대한 대답을 我更喜欢 ~ 구문으로 만들어 봅시다.

① 你喜欢白色的衣服还是黑色的衣服？
　→ 我更喜欢_____

② 你喜欢吃米饭还是吃面条？
　→ 我更喜欢_____

③ 你喜欢美式咖啡还是拿铁？
　→ 我更喜欢_____

④ 你喜欢喝热的还是冰的？
　→ 我更喜欢_____

05

<왕초보편>에서 배웠던 음료·채소 명사들 다시 외워볼까요?

牛奶	niúnǎi	우유	橙汁	chéngzhī	오렌지쥬스
热美式	rèměishì	뜨거운 아메리카노	西瓜汁	xīguāzhī	수박쥬스
拿铁	nátiě	라떼	苹果汁	píngguǒzhī	사과쥬스
可乐	kělè	콜라	香蕉	xiāngjiāo	바나나
雪碧	xuěbì	스프라이트	橘子	júzi	귤
冰水	bīngshuǐ	찬물	西红柿	xīhóngshì	토마토
茶	chá	차	大葱	dàcōng	대파
酸奶	suānnǎi	요구르트	洋葱	yángcōng	양파

Review

Day5

第五课 我自己想做菜
제가 직접 음식을 만들고 싶어요

Survival 초급탈출 주요 미션

Step by step 미션 수행

- Step1 새 단어 연습

- Step2 리딩 구문
  리딩 구문 연습
  리딩 구문 탐구 : 주요 패턴 & 주요 어법

- Step3 서바이벌 180
  서바이벌 15구문 연습
  리딩 구문 체크

- Step4 Word by Word

Self 미션 체크

- Step5 미션체크 연습문제

Step1 새 단어 연습

◆ 새 단어

1. **肚子** dùzi
   (명) 배

2. **饿** è
   (형) 배고프다

3. **土司 (=吐司)** tǔsī
   (명) 토스트

4. **火腿** huǒtuǐ
   (명) 햄

5. **芝士** zhīshì
   (명) 치즈

6. **生菜** shēngcài
   (명) 상추

7. **雪碧** xuěbì
   (명) 스프라이트

8. **自己** zìjǐ
   (명) 자기, 자신 (부) 스스로

9. **三明治** sānmíngzhì
   (명) 샌드위치

10. **第一层** dìyīcéng
    (수+명) 첫 번째 층

11. **最后** zuìhòu
    (부) 마지막에

12. **盖** gài
    (동) 덮다 (명) 덮개, 뚜껑

13. **味儿** wèir
    (명) 맛

14. **酱** jiàng
    (명) 소스, 장

참고 **(수+명)** : 수사 + 명사

DAY 5

✓ **다음 단어의 성조를 주의해서 읽어봅시다.** ▶ 1성 ~ 4성 연습

1성	2성	3성	4성
三 sān 삼, 3	层 céng 층	火 huǒ 불	饿 è 배고프다
芝 zhī 참깨, 치즈		腿 tuǐ 다리	味 wèi 맛
		土 tǔ 흙, 향토적이다	酱 jiàng 소스, 장

✓ **다음 단어 성조 위치를 생각하며 1성+4성 과 4성+1성 을 발음 연습해봅시다.** ▶ 성조 조합

1성 + 4성	生菜 shēngcài 상추	黑色 hēisè 검정색	商店 shāngdiàn 상점	超市 chāoshì 슈퍼마켓	芝士 zhīshì 치즈
4성 + 1성	第一 dìyī 첫~, 제1	大哥 dàgē 큰형	一张 yìzhāng 한 장	一杯 yìbēi 한 잔	一听 yìtīng 한 캔

✓ **다음은 발음할 때 주의해야 합니다.** ▶ 발음 주의

(1)	火 huǒ	불	uo는 u와 o의 결합모음이다. 음의 길이는 u보다 중요모음인 o가 더 길다. u음이 짧더라도 꼭 발음하도록 주의한다.
(2)	味 wèi	맛	wèi는 u와 ei의 결합모음이다. uei는 자음과 결합할 때는 e를 탈락시키고 tui라 기입하지만 탈락된 e의 음가는 살려서 발음한다.
	腿 tuǐ	다리	
(3)	层 céng	층	céng과 chéng : 순서대로 설치음과 권설음이다. 혀 끝을 치아 뒤에 바짝 붙여서 발음하는 설치음과 혀 면에 힘을 주어 목구멍 쪽으로 당겨서 발음하는 권설음을 구별하며 발음해보자.
	橙汁 chéngzhī	오렌지 주스	

제5과 제가 직접 음식을 만들고 싶어요

Step2 리딩 구문 | 리딩구문연습

第五课 我自己想做菜

早上一起床，我的肚子就饿了。
Zǎoshang yì qǐchuáng, wǒde dùzi jiù è le

我打开冰箱看看，
Wǒ dǎkāi bīngxiāng kànkan

有土司、火腿、芝士、生菜 还有西红柿。
yǒu tǔsī、huǒtuǐ、zhīshì、shēngcài háiyǒu xīhóngshì

冰箱里有什么喝的？
Bīngxiāngli yǒu shénme hēde

橙汁、牛奶、雪碧和冰咖啡。
chéngzhī、niúnǎi、xuěbì hé bīngkāfēi

我自己想做三明治。
Wǒ zìjǐ xiǎng zuò sānmíngzhì

先放一张土司。
Xiān fàng yìzhāng tǔsī

第一层放火腿。第二层放生菜、西红柿。
Dìyīcéng fàng huǒtuǐ. Dì'èrcéng fàng shēngcài、xīhóngshì

第三层放芝士。最后盖上土司。
Dìsāncéng fàng zhīshì Zuìhòu gàishang tǔsī

我喜欢甜味儿。我还要果酱。
Wǒ xǐhuān tiánwèir. Wǒ háiyào guǒjiàng

我自己做的"火腿芝士三明治"，我觉得特别好吃。
Wǒ zìjǐ zuòde huǒtuǐ zhīshì sānmíngzhì, wǒ juéde tèbié hǎochī

DAY 5

다음 단어를 써보고 외워봅시다

饿了	èle	饿了	배고파졌다
打开	dǎkāi	打开	열다, 켜다
还有	háiyǒu	还有	그리고
自己	zìjǐ	自己	직접, 스스로
第一层	dìyīcéng	第一层	첫 층
最后	zuìhòu	最后	마지막에
盖上	gàishang	盖上	덮다
甜味儿	tiánwèir	甜味儿	단맛

해석

아침에 일어나자마자 배가 바로 고팠습니다.
나는 냉장고를 열어서 좀 보았습니다.
토스트, 햄, 치즈, 상추 있고, 토마토도 있었습니다.
냉장고에 무슨 마실 것이 있을까요?
오렌지 주스, 우유, 스프라이트 그리고 아이스커피
나는 직접 샌드위치를 만들고 싶었습니다.
먼저 토스트 한 장을 놓았습니다.
첫 층에 햄을 넣고, 두 번째 층에는 상추, 토마토를 넣었습니다.
세 번째 층에는 치즈를 넣고, 마지막에 토스트를 덮었습니다.
나는 단맛을 좋아해서 과일 잼도 더 원했습니다.
내가 직접 만든 "햄 치즈 샌드위치" 특히 맛있다고 생각합니다.

Step2 리딩 구문 | 리딩구문탐구

● **주요 패턴**

1 一 ~ 就 …
yī   jiù

① ~ 하자마자 … 하다 ② ~ 하기만 하면 … 하다

① 一到八点，就起床。Yí dào bādiǎn, jiù qǐchuáng
8시만 되면 일어납니다. / 8시 되자마자 일어납니다.

② 一看书，就累了。Yí kàn shū, jiù lèi le
책만 보면 피곤합니다. / 책을 보자마자 피곤합니다.

③ 早上一起来，肚子就饿了。Zǎoshang yì qǐlái, dùzi jiù è le
아침에 일어나자마자 배가 고파졌습니다. / 아침에 일어나기만 하면 배가 고파집니다.

④ 一喝酒，脸就变红了。Yì hē jiǔ, liǎn jiù biàn hóng le
술을 마시기만 하면 얼굴이 빨갛게 변합니다. / 술을 마시자마자 얼굴이 빨갛게 변하였습니다.

2 我自己想 ~
Wǒ zìjǐ xiǎng

● 내가 직접(스스로) ~ 하고 싶다

① 我自己想去北京。Wǒ zìjǐ xiǎng qù Běijīng
내가 직접 북경에 가보고 싶습니다.

② 我自己想说说。Wǒ zìjǐ xiǎng shuōshuo
내가 직접 말하고 싶습니다.

③ 他自己想做做。Tā zìjǐ xiǎng zuòzuo
그는 직접 만들고 싶습니다.

DAY 5

3 我还要 ~
Wǒ hái yào

> 저는 (그밖에) ~ 도 원합니다

① 我还要米饭。Wǒ hái yào mǐfàn
저는 그밖에 밥도 원합니다.

② 我还要这个蛋糕。Wǒ hái yào zhège dàngāo
저는 이 케잌도 원합니다.

③ 我还要一杯冰水。Wǒ hái yào yìbēi bīngshuǐ
저는 시원한 물도 원합니다.

---

1. 중국어 "얼화음 儿化音"이란?
보통 "1음절 단어"를 "2음절 명사"로 만들 때 儿 ér을 붙이는 것을 얼화음이라 한다. 주로 작고 친밀한 느낌을 주는 단어에 사용되고 북경어의 특징이기도 하다.

(예) 孩 hái ➡ 孩儿 háir 아이
　　 盖 gài ➡ 盖儿 gàir 뚜껑
　　 味 wèi ➡ 味儿 wèir 맛

> ○ háir 음 생략
>
> 얼화하지 않은 발음은 [하이]
> 라 읽지만, 얼화한 발음은 i음을
> 생략하고 [하ㄹ(알)]이라 읽습니다.

2. 중국어 "격음 부호"란?
단어의 중간음이 자음없이 모음으로 시작할 때 음을 구분하기 위해 한자 병음 사이에 ['] 격음 부호를 넣어준다.

(예) 第二层 dì'èrcéng　　天安门 Tiān'ānmén

제5과 제가 직접 음식을 만들고 싶어요

Step2 리딩 구문 | 리딩구문탐구

● 주요 어법

1 打开 冰箱 / 盖上 土司
dǎkāi bīngxiāng   gàishang tǔsī

▸ 결과보어 (술어+결과보어)

보어란 술어를 보충해주는 성분을 보어라 한다.
결과보어란 동사나 형용사의 뒤에서 동작이 어떤 결과가 되었음을 보충해주는 성분이다.

⇨ 결과보어의 경우는 형태가 《술어 + 결과를 보충하는 동사 또는 형용사》 이다.

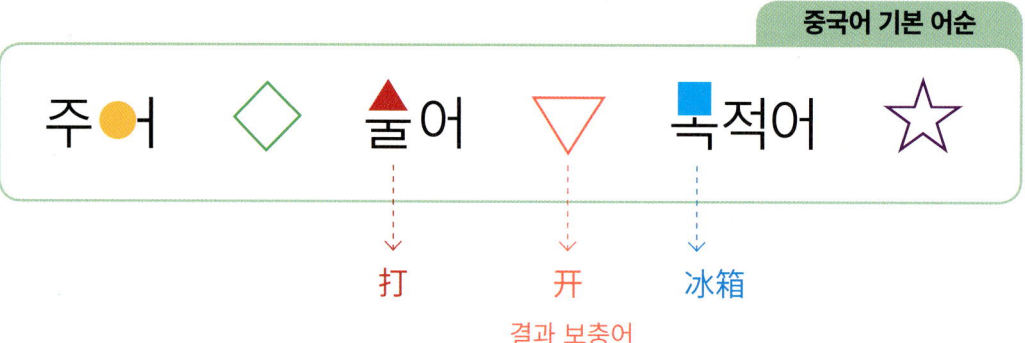

(예) ❶ 打开窗户 dǎkāi chuānghu 창문을 열다   ❷ 打开门 dǎkāi mén 문을 열다

이 단어가 결과보어로 쓰일 때 의미		술어 + 결과보어		
走 zǒu	떠나다, 가다	收走 shōuzǒu 치워가다	拿走 názǒu 들고가다	带走 dàizǒu 가지고 가다
开 kāi	분리되다, 떨어지다 널리 퍼지다	打开 dǎkāi 열다, 켜다	离开 líkāi 떠나다	走开 zǒukāi 비키다, 물러나다
完 wán	끝나다	吃完 chīwán 다 먹었다	看完 kànwán 다 봤다	写完 xiěwán 다 썼다
好 hǎo	원만히 잘 끝나다	吃好 chīhǎo 잘 먹었다	看好 kànhǎo 잘 봤다	写好 xiěhǎo 잘 썼다
错 cuò	잘못되다	吃错 chīcuò 잘못 먹었다	看错 kàncuò 잘못 봤다	拿错 nácuò 잘못 가져왔다
懂 dǒng	이해하다	看懂 kàndǒng 보고 이해했다	听懂 tīngdǒng 알아 들었다	学懂 xuédǒng 배워 이해했다

DAY 5

2 还有 / 或者 / 但是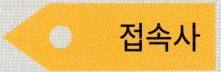
háiyǒu huòzhě dànshì

➲ 还有 háiyǒu 그리고 / 或者 huòzhě 혹은 / 但是 dànshì 그러나

① 我要一杯冰美式，还有这个蛋糕。
Wǒ yào yìbēi bīngměishì, háiyǒu zhège dàngāo
저는 아이스 아메리카노 한 잔 원해요, 그리고 이 케이크요.

② 我晚上要做作业，还有要运动。
Wǒ wǎnshang yào zuò zuòyè, háiyǒu yào yùndòng
저는 저녁에 숙제를 하고 그리고 운동을 하고자 합니다.

③ 我晚上要做作业，或者要运动。
Wǒ wǎnshang yào zuò zuòyè, huòzhě yào yùndòng
저는 저녁에 숙제를 하거나 혹은 운동을 하려고 합니다.

④ 我常常去咖啡厅。在那儿见朋友，或者自己看书。
Wǒ chángcháng qù kāfēitīng. Zài nàr jiàn péngyou, huòzhě zìjǐ kànshū
저는 자주 커피숍에 갑니다. 거기서 친구를 만나던가 혼자 책을 봅니다.

⑤ 今天或者明天，我都可以。
Jīntiān huòzhě míngtiān, wǒ dōu kěyǐ
오늘이던지 내일이던지, 저는 모두 괜찮아요.

⑥ 我喜欢吃甜的，但是我妈妈不喜欢吃甜的。
Wǒ xǐhuān chī tiánde, dànshì wǒmāma bùxǐhuān chī tiánde
저는 단 것을 좋아합니다. 그러나 우리 엄마는 단 것을 싫어합니다.

⑦ 这个不错，但是有点儿贵。
Zhège búcuò, dànshì yǒudiǎnr guì
이것은 괜찮지만 약간 비쌉니다.

Step3 서바이벌 문장 180

061 一听就头疼。
Yì tīng jiù tóu téng

062 一回家就看电视。
Yì huíjiā jiù kàn diànshì

063 一起床就运动。
Yì qǐchuáng jiù yùndòng

064 一看就看上了。
Yí kàn jiù kàn shàng le

065 我是第一次来的。
Wǒ shì dìyīcì lái de

---

061. 듣자마자 머리가 아픕니다.

062. 집에 가자마자 TV를 봤습니다.

063. 일어나자마자 운동을 합니다.

064. 보자마자 반했어요.

065. 저는 처음 왔습니다.

□ 눈에 들다, 반하다
看上
kàn shàng

DAY 5

066 我要第一个。
Wǒ yào dì yī ge

067 不用帮我了。
Bú yòng bāng wǒ le.

068 我自己做吧。
Wǒ zìjǐ zuò ba

> 吧 ba 어기조사
> 명령, 제의, 동의, 승락의 어기(语气)를 나타냅니다.

069 不用过来了。我自己去吧。
Búyòng guòlái le.　Wǒ zìjǐ qù ba

070 不用送了。我自己拿。
Búyòng sòng le.　Wǒ zìjǐ ná

---

066. 저는 첫 번째 것을 원합니다.

067. 절 도울 필요 없습니다.

068. 제가 직접 할게요.

069. 올 필요 없습니다. 제가 직접 갈게요.

070. 배달할 필요 없습니다. 제가 직접 들게요.

Step3 서바이벌 문장 180

071 不用打开了。我自己打开。
Búyòng dǎkāi le.　　Wǒ zìjǐ dǎkāi

072 还要别的吗？
Hái yào biéde ma

073 我还要第二个。
Wǒ hái yào dì èr ge

074 咖啡先上吧！
Kāfēi xiān shàng ba

075 咖啡最后上吧！
Kāfēi zuìhòu shàng ba

---

071. 열 필요 없습니다. 제가 직접 열게요 (켤게요)

072. 그밖에 다른 것 원해요?

073. 저는 두 번째 것을 더 원해요.

074. 커피는 먼저 올려주세요!

075. 커피는 마지막에 올려주세요!

DAY 5

Recheck! 중요 패턴

- **一 동사**　~ 하자마자, ~ 하기만 하면
- **不用 ~**　~ 할 필요 없다
- **还要 ~**　그밖에 원하다 < 还有 그밖에 ~ 가 있다, 그리고 >
- **先，最后**　먼저, 마지막에

 **Memo**

Step3 리딩 구문 체크하기

 병음 없이 다음 구문을 읽어봅시다.

早上一起床，我的肚子就饿了。

☑ 일어나자마자

我打开冰箱看看，

☑ 냉장고를 열다

有土司、火腿、芝士、生菜，
还有西红柿。

☑ 그리고 토마토

冰箱里有什么喝的？
橙汁、牛奶、雪碧和冰咖啡。

☑ 냉장고에 무엇이 있습니까?

我自己想做三明治。

☑ 직접 만들고 싶다

DAY 5

先放一张土司。

☑ 먼저 놓다

第一层放火腿。第二层放生菜、西红柿。第三层放芝士。

☑ 첫 층

我喜欢甜味儿。我还要果酱。

☑ 단 맛, 과일잼

最后盖上土司。

☑ 마지막에 덮는다

我自己做的火腿芝士三明治，我觉得特别好吃。

☑ 특히 맛있다고 생각한다

Step4　Word by Word

◎ 蔬菜 shūcài 야채

生菜
shēngcài
상추

白菜
báicài
배추

西红柿（=番茄）
xīhóngshì(=fānqié)
토마토

茄子
qiézi
가지

萝卜
luóbo
무우

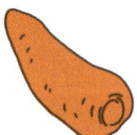
胡萝卜
húluóbo
당근

洋葱
yángcōng
양파

大葱
dàcōng
대파

豆
dòu
콩

红豆
hóngdòu
팥

土豆
tǔdòu
감자

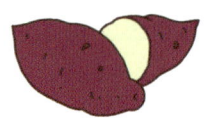
地瓜
dìguā
고구마

◎ 饮料 yǐnliào 음료

美式咖啡 měishìkāfēi 아메리카노	拿铁 nátiě 라떼	卡布奇诺 kǎbùqínuò 카푸치노	摩卡 mókǎ 모카
西瓜汁 xīguāzhī 수박쥬스	苹果汁 píngguǒzhī 사과쥬스	橙汁 chéngzhī 오렌지쥬스	胡萝卜汁 húluóbozhī 당근쥬스
绿茶 lǜchá 녹차	红茶 hóngchá 홍차	乌龙茶 wūlóngchá 우롱차	菊花茶 júhuāchá 국화차
可乐 kělè 콜라	雪碧 xuěbì 스프라이트	牛奶 niúnǎi 우유	冰淇淋 bīngqílín 아이스크림

◎ 酱类 jiàng lèi 각종 소스

草莓酱
cǎoméijiàng
딸기잼

番茄酱
fānqiéjiàng
토마토케첩

辣椒酱
làjiāojiàng
고추장

芝麻酱
zhīmájiàng
참깨소스

Step5 미션체크 연습문제

1. 다음을 천천히 읽어봅시다.

早上一起床，我的肚子就饿了。我打开冰箱看看，有土司、火腿、芝士、生菜，还有西红柿。
冰箱里有什么喝的？橙汁、牛奶、雪碧和冰咖啡。
我自己想做三明治。
先放一张土司。第一层放火腿。第二层放生菜、西红柿。第三层放芝士。
我喜欢甜味儿。我还要果酱。最后盖上土司。
我自己做的火腿芝士三明治，我觉得特别好吃。

2. 다음 해석을 보고 질문을 완성해 보세요.

① 그녀는 아침에 일어나자마자 왜 냉장고를 열었나요?

她早上一起床，为什么_____？

② 냉장고 안에 어떤 마실게 있었나요?

冰箱里有_____？

③ 그녀는 무엇을 만들고 싶었나요?

她_____？

④ 먼저 토스트를 넣고 첫 층에 무엇을 넣었나요?

_____土司，_____放什么？

⑤ 두 번째 층에는 무엇을 넣었나요?

_____放什么？

⑥ 세 번째 층에는 무엇을 넣었나요?

_____放什么？

⑦ 그녀는 단맛을 좋아해서 무엇을 원했나요?

她喜欢_____，就要什么？

⑧ 그녀가 직접 만든 샌드위치는 어땠나요?

_____觉得怎么样？

DAY 5

3. 질문에 대답을 작성해봅시다.

① 因为 yīnwèi ~이기 때문이다 _____
② _____
③ _____
④ _____
⑤ _____
⑥ _____
⑦ _____
⑧ _____

4. 다음 단어를 구별하여 읽어보세요.

| 我 wǒ 나 | 饿 è 배고프다 | 俄罗斯 éluósī 러시아 | 鹅 é 거위 |
| 退 tuì 환불하다, 물르다 | | 腿 tuǐ 다리 | |

5. 같은 음절이 들어간 단어를 연결해서 읽어보세요.

土司 tǔsī 토스트	司机 sījī 기사	公司 gōngsī 회사
学生 xuésheng 학생	生日 shēngrì 생일	生菜 shēngcài 상추
打包 dǎbāo 포장하다	打电话 dǎdiànhuà 전화하다	打折 dǎzhé 세일하다
打扫 dǎsǎo 청소하다	打开 dǎkāi 열다, 켜다	
火车 huǒchē 기차	火腿 huǒtuǐ 햄	
下雪 xiàxuě 눈이 내리다	雪碧 xuěbì 스프라이트	
护士 hùshi 간호사	芝士 zhīshì 치즈	

06

<왕초보편>에서 배웠던 국가·언어·장소명사 다시 외워볼까요?

中国	Zhōngguó	중국		银行	yínháng	은행
英国	Yīngguó	영국		学校	xuéxiào	학교
德国	Déguó	독일		超市	chāoshì	슈퍼마켓
法国	Fǎguó	프랑스		餐厅	cāntīng	식당
汉语	hànyǔ	중국어		商店	shāngdiàn	상점
英语	yīngyǔ	영어		面包店	miànbāodiàn	빵집
德语	déyǔ	독일어		前台	qiántái	프론트 데스크
法语	fǎyǔ	프랑스어		医院	yīyuàn	병원

Review

Day6

第六课 很多人不带现金
매우 많은 사람들이 현금을 안 갖고 다녀요

Survival 초급탈출 주요 미션

Step by step 미션 수행

- Step1 새 단어 연습

- Step2 리딩 구문
  리딩 구문 연습
  리딩 구문 탐구 : 주요 패턴 & 주요 어법

- Step3 서바이벌 180
  서바이벌 15구문 연습
  리딩 구문 체크

- Step4 Word by Word

Self 미션 체크

- Step5 미션체크 연습문제

Step1 새 단어 연습

새 단어

1. **自己** zìjǐ
   몡 자기, 자신

2. **货币** huòbì
   몡 화폐

3. **日元，美元** rìyuán, měiyuán
   몡 엔화, 달러

4. **人民币，韩币** rénmínbì, hánbì
   몡 인민폐, 한화

5. **角** jiǎo
   몡 뿔, (=毛) 10전의 단위

6. **一般** yìbān
   혱 같다, 보통이다 뷔 일반적으로

7. **硬** yìng
   혱 딱딱하다 ↔ 软 ruǎn 부드럽다

8. **近几年** jìn jǐ nián
   뷔 최근 몇 년간, 근 몇 년간

9. **消费** xiāofèi
   몡 동 소비(하다)

10. **方式** fāngshì
    몡 방식

11. **变化** biànhuà
    몡 동 변화(하다)

12. **交** jiāo
    동 (돈, 자료) 제출하다, 내다

13. **支付** zhīfù
    몡 동 지불(하다)

14. **需要** xūyào
    몡 동 필요(하다)

15. **或者** huòzhě
    뷔 혹은

16. **充** chōng
    동 채우다, 충전하다

17. **扫码** sǎo mǎ
    (동+빈) 코드를 스캔하다

18. **微信，支付宝** wēixìn, zhīfùbǎo
    위챗 (중국의 가장 많이 쓰는 메신저)
    쯔푸바오 (Alipay 알리페이)

DAY 6

✓ 다음 단어의 성조를 주의해서 읽어봅시다.
▶ 1성 ~ 4성 연습

1성 + 1성	2성 + 2성	3성 + 3성	4성 + 4성
餐厅 cāntīng 식당	人民 rénmín 인민	扫码 sǎomǎ 코드를 스캔하다	货币 huòbì 화폐 变化 biànhuà 변화

4성 + 1성	4성 + 2성	4성 + 3성	4성 + 4성
现金 xiànjīn 현금 一般 yìbān 일반적이다	日元 rìyuán 엔화	或者 huòzhě 혹은	硬币 yìngbì 동전

✓ 다음 성조 위치를 생각하며 1성+4성과 4성+1성을 연습해봅시다.
▶ 성조 조합

1성 + 4성 ----> ↘	需要 xūyào 필요하다	微信 wēixìn 위챗	支付 zhīfù 지불(하다)	方式 fāngshì 방식
4성 + 1성 ↘ ---->	一般 yìbān 일반적이다	一杯 yìbēi 한 잔	一张 yìzhāng 한 장	一听 yìtīng 한 캔

✓ 다음은 발음할 때 주의해야 합니다.
▶ 발음 주의

(1)	货币 huòbì 或者 huòzhě	화폐 혹은	uo는 u와 o의 결합모음이다. 음의 길이는 u보다 중요모음인 o가 더 길다. u음이 짧더라도 꼭 발음하도록 주의한다.
(2)	大葱 dàcōng 充卡 chōngkǎ	대파 카드를 충전하다	cōng과 chōng : 순서대로 설치음과 권설음이다. 혀 끝을 치아 뒤에 바짝 붙여서 발음하는 설치음과 혀 면에 힘을 주어 목구멍 쪽으로 당겨서 발음하는 권설음을 구별하며 발음해보자.
(3)	多少 duōshǎo 大小 dàxiǎo 扫码 sǎomǎ	얼마나 크기 코드를 스캔하다	shǎo, xiǎo, sǎo : 순서대로 권설음, 설면음, 설치음이다. 이 세 자음을 구별하며 연습한다. 설면음 xiǎo를 발음할 때 i "이"의 음이 짧지만 꼭 발음하도록 주의한다.

✓ 다음 숫자를 읽어 봅시다.
▶ 숫자 읽기

250과 205 구분하기
- 250 : 两百五 liǎngbǎi wǔ 또는 两百五十 liǎngbǎi wǔshí
- 205 : 两百零五 liǎngbǎi líng wǔ

Step2 리딩 구문 | 리딩구문연습

第六课 很多人不带现金

每个国家都有自己的货币，
Měige guójiā dōu yǒu zìjǐ de huòbì

韩国的叫韩币，日本的叫日元，美国的叫美元，中国的叫人民币。
Hánguóde jiào hánbì, Rìběnde jiào rìyuán, Měiguóde jiào měiyuán, Zhōngguóde jiào rénmínbì

人民币有一百元的、五十元的、十元的、五元的、一元的，还有五角的、一角的。
Rénmínbì yǒu yìbǎiyuánde、wǔshíyuánde、shíyuánde、wǔyuánde、yìyuánde, háiyǒu wǔjiǎode、yìjiǎode

人们一般都说"100块（钱）"，很少说"100元"；
Rénmen yìbān dōu shuō yìbǎikuài (qián), hěn shǎo shuō yìbǎi yuán ;

说"5毛"，很少说"5角"。一元的和五角的都有纸币和硬币。
shuō wǔ máo, hěn shǎo shuō wǔ jiǎo. Yìyuánde hé wǔjiǎode dōu yǒu zhǐbì hé yìngbì

近几年来，中国人的消费方式有很大的变化。
Jìn jǐ nián lái, Zhōngguórén de xiāofèi fāngshì yǒu hěn dà de biànhuà

很多人不带现金，只带手机。
Hěnduōrén búdài xiànjīn, zhǐdài shǒujī

需要交钱的时候，都用手机支付。
Xūyào jiāoqián de shíhou, dōu yòng shǒujī zhīfù

用支付宝，或者用微信。
Yòng zhīfùbǎo, huòzhě yòng wēixìn

在停车场、商店、咖啡厅、超市、面包店、餐厅、交电费•车费、充卡等等都扫码支付。
Zài tíngchēchǎng、shāngdiàn、kāfēitīng、chāoshì、miànbāodiàn、cāntīng、jiāodiànfèi chēfèi、chōngkǎ děngděng dōu sǎomǎ zhīfù

DAY 6

纸币

硬币

现金支付

 **다음 단어를 써보고 외워봅시다**

- 货币 huòbì 货币 화폐
- 一般 yìbān 一般 일반적으로
- 硬 yìng 硬 딱딱하다
- 消费 xiāofèi 消费 소비하다
- 带现金 dài xiànjīn 带现金 현금을 휴대하다

- 需要 xūyào 需要 필요하다
- 交钱 jiāoqián 交钱 돈을 내다
- 支付 zhīfù 支付 지불하다
- 或者 huòzhě 或者 혹은

해석

국가마다 모두 자기의 화폐가 있습니다.
한국 것은 한화라고 하고 일본 것은 엔화, 미국 것은 달라라고 하고, 중국 것은 런민비라고 합니다.
런민비는 백 원짜리, 오십 원짜리, 십 원짜리, 오 원짜리, 일 원짜리 있습니다. 그리고 오십 전, 십 전짜리가 있습니다.
사람들은 일반적으로 모두 "이바이 콰이"라고 말하고 "이비이 위엔"은 매우 적게 말합니다.
"우마오"라고 말하지 "우지아오"라고는 잘 하진 않습니다. 일 원짜리, 오십 원짜리 그리고 십전 짜리는 종이돈과 동전이 모두 있습니다.
근래에 중국 사람의 소비 방식에 매우 큰 변화가 있습니다.
매우 많은 사람들은 현금을 가지고 다니지 않고 단지 핸드폰만 들고 다닙니다.
돈을 낼 필요가 있을 때, 모두 핸드폰으로 지불합니다.
알리 페이 (Alipay) 혹은 위챗 페이를 이용합니다.
주차장, 상점, 커피숍, 슈퍼마켓, 빵집, 식당에서든 전기세, 차비 납부, 카드를 충전하는 등등도 모두 코드 스캔해서 지불합니다.

Step2 리딩 구문 | 리딩구문탐구

◆ 주요 패턴

1 带
dài

1. (동) ~을 데리고 있다, 가지고 있다, 휴대하다
2. (동) 돌보다
3. (명) 끈, 벨트

① 带朋友去 dài péngyou qù 친구를 데리고 갑니다

② 带孩子 dài háizi 아이를 돌봅니다 (아이를 데리고 있습니다)

③ 鞋带 xiédài 신발끈, 安全带 ānquándài 안전밸트

➡ 不带 : 휴대하지 않다, 안 갖고 있다 (안 갖고 다니다)
- 不带钱 búdàiqián 돈을 갖고 다니지 않습니다
- 不带卡 búdàikǎ 카드를 안 갖고 다닙니다

➡ 没带 : 갖고 오지 않다, 데리고 오지 않다 (갖고 오지 않았다)
- 没带钱 méidài qián 돈을 안 갖고 왔습니다
- 没带卡 méidài kǎ 카드를 안 갖고 왔습니다

2 用~ 동사 …
dài

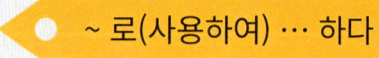
~로(사용하여) … 하다

① 用手机支付。 yòng shǒujī zhīfù 핸드폰으로 지불합니다.

② 用微信支付。 yòng wēixìn zhīfù 웨이신으로 지불합니다.

③ 用这支笔写。 yòng zhè zhī bǐ xiě 이 펜으로 씁니다.

DAY 6

● 주요 어법

1 **用**手机支付 / **在**商店扫码支付
Yòng shǒujī zhīfù / zài shāngdiàn sǎomǎ zhīfù

> 여러 가지 개사

<1.왕초보편 제10강>에서 개사(전치사)를 배운 적 있다.

개사(介词)는 <전치사>로 이해하면 된다. 중국어에서 개사가 이끄는 구문(개사구 介词句)은 대개의 경우 상황어(부사어)자리에 위치한다. 아래에서 여러 가지 개사와 예문을 보자.

• 用 yòng ~ 으로

用这个洗一下。 Yòng zhège xǐyíxià
이것으로 씻으세요.

• 在 zài (장소) 에서

在餐厅吃饭。 Zài cāntīng chīfàn
식당에서 밥을 먹습니다.

• 和 hé, 跟 gēn (대상) 과

我和妈妈一块儿去北京。
Wǒ hé māma yíkuàir qù Běijīng
나는 엄마와 함께 북경에 갑니다.

• 给 gěi (대상) 에게

给我打电话。Gěi wǒ dǎ diànhuà
저에게 전화하세요.

• 对 duì (대상) 에 대해서

对什么有兴趣？ Duì shénme yǒu xìngqu
무엇에 흥미가 있습니까?

• 往 wǎng (방향) 으로

往前一直走。Wǎng qián yìzhí zǒu
앞으로 쭉 가세요.

• 从 cóng (시간이나 장소) 부터

从三点开始吧！Cóng sāndiǎn kāishǐ ba
세시부터 시작합시다!

• 到 dào (시간이나 장소) 까지

到哪儿去？ Dào nǎr qù
어디가세요?

Step3 서바이벌 문장 180

076 每个人都有自己的想法。
Měigerén dōu yǒu zìjǐ de xiǎngfǎ

077 每个人都有自己的爱好。
Měigerén dōu yǒu zìjǐ de àihào

078 人们一般都要有名。
Rénmen yìbān dōu yào yǒumíng

079 韩国人一般都喜欢吃辣的。
Hánguórén yìbān dōu xǐhuān chī làde

080 我今天没带手机。
Wǒ jīntiān méidài shǒujī

---

076. 사람마다 모두 자신의 생각을 갖고 있습니다.
077. 사람마다 모두 자신의 취미를 갖고 있습니다.
078. 사람들은 일반적으로 유명하려고 합니다.
079. 한국 사람은 일반적으로 매운 것을 좋아합니다.
080. 저는 오늘 핸드폰을 안 갖고 왔습니다.

- 스스로, 직접, 자기
  自己 zìjǐ
- 생각, 견해
  想法 xiǎngfǎ
- 취미
  爱好 àihào

DAY 6

081 我没带袋子。
Wǒ méidài dàizi

082 我没带钱包。
Wǒ méidài qiánbāo

083 我没带朋友。
Wǒ méidài péngyou

084 需要交现金
Xūyào jiāo xiànjīn

085 不需要交钱。
Bù xūyào jiāoqián

---

081. 저는 봉투를 안 갖고 왔습니다.

082. 저는 지갑을 안 갖고 왔습니다.

083. 저는 친구를 데리고 오지 않았습니다.

084. 현금을 낼 필요가 있습니다.

085. 돈을 낼 필요가 없습니다.

□ 봉투
袋子
dàizi

Step3   서바이벌 문장 180

086 **用**手机支付。
Yòng shǒujī zhīfù

087 **用**手洗衣服。
Yòng shǒu xǐ yīfu

088 **在**房间里睡觉。
Zài fángjiānli shuìjiào

089 **扫**这里
Sǎo zhèli

090 **扫**我的还是**扫**你的？
Sǎo wǒde háishì sǎo nǐde

---

086. 핸드폰으로 지불합니다.

087. 손으로 빨래합니다.

088. 방 안에서 잠을 잡니다.

089. 여기를 스캔하세요. (여기를 쓸어주세요)

090. 내 것을 스캔합니까 아니면 당신 것을 스캔합니까?

DAY 6

Recheck! 중요 패턴

- **一般都 ~**　　일반적으로 다 ~
- **没带 ~**　　안 갖고 왔다, (사람을) 데리고 오지 않다
- **需要 / 不需要**　필요하다 / 필요 없다
- **用 ~**　　~로, ~으로
- **扫 ~**　　~를 스캔하다

Step3 리딩 구문 체크하기

 병음 없이 다음 구문을 읽어봅시다.

每个国家都有自己的货币
☑ 국가마다 모두 있다

韩国的叫韩币，日本的叫日元，美国的叫美元，中国的叫人民币。
☑ 중국 것은 인민폐라 부른다

人民币有一百元的、五十元的、十元的、五元的、一元的，还有五角的、一角的。

人们一般都说100块（钱），很少说100元； 说5毛，很少说5角。
☑ 일반적으로 모두 말한다

一元的和五角的都有纸币和硬币。

DAY 6

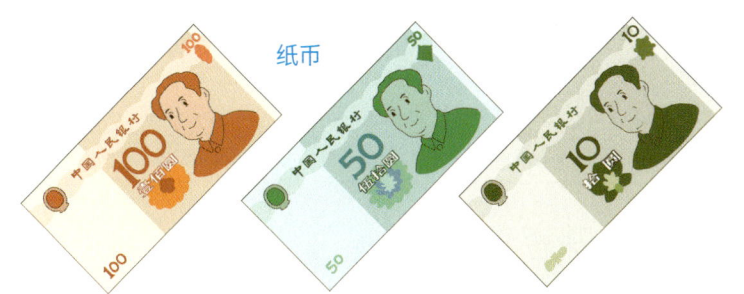
纸币

硬币
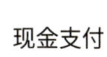
现金支付

近几年来，中国人的消费方式有很大的变化。

☑ 매우 큰 변화가 있었다

很多人不带现金，只带手机。

☑ 현금을 안 갖고 다닌다

需要交钱的时候，都用手机支付。

☑ 돈을 낼 필요가 있을 때

在停车场、商店、咖啡厅、超市、面包店、餐厅、交电费・车费、充卡等等都扫码支付

☑ 코드를 스캔하여 지불한다

Step4　Word by Word

◎ 费 fèi 비용

| 免费 miǎnfèi 무료 | 收费 shōufèi 유료 | 电费 diànfèi 전기세 | 水费 shuǐfèi 수도세 | 学费 xuéfèi 학비 | 停车费 tíngchēfèi 주차비 |

◎ 支付方式 zhīfù fāngshì 지불방식

| 现金支付 xiànjīn zhīfù 현금 지불 | 支付宝支付 zhīfùbǎo zhīfù Alipay 지불 | 微信支付 wēixìn zhīfù Wechat 지불 |
| 刷卡 shuā kǎ 카드를 긁다 | 扫码支付 sǎomǎ zhīfù 코드 스캔지불 | 手机支付 shǒujī zhīfù 핸드폰 지불 |

DAY 6

◎ 小型家电 xiǎoxíngjiādiàn 소형 가전

电视 diànshì
텔레비전

电脑 diànnǎo
컴퓨터

电子笔记本 diànzibǐjìběn
노트북

耳机 ěrjī
헤드폰

音响 yīnxiǎng
오디오

台灯 táidēng
스탠드

Step5 미션체크 연습문제

1. 다음을 천천히 읽어봅시다.

每个国家都有自己的货币，韩国的叫韩币，日本的叫日元，美国的叫美元，中国的叫人民币。
人民币有一百元的、五十元的、十元的、五元的、一元的，还有五角的、一角的。
人们一般都说"100块（钱）"，很少说"100元"；说"5毛"，很少说"5角"。
一元的和五角的都有纸币和硬币。
近几年来，中国人的消费方式有很大的变化。
很多人不带现金，只带手机。需要交钱的时候，都用手机支付。用支付宝，或者用微信支付。
在停车场、商店、咖啡厅、超市、面包店、餐厅、交电费·车费、充卡等等都扫码支付。

2. 다음 해석을 보고 질문을 완성해 보세요.

① 한국의 화폐를 중국어로 무엇이라 부릅니까?
韩国的_____用中文_____?

② 중국의 화폐는 무엇이라 부릅니까?
中国的货币_____?

③ 인민폐 100원은 일반적으로 뭐라고 하나요?
人民币100元_____?

④ 인민폐 50전은 일반적으로 뭐라고 하나요?
人民币5角_____?

⑤ 최근 몇 년에 중국인의 소비방식은 변화가 있나요?
近几年来，中国人的_____有没有变化？

⑥ 최근에 중국에서 현금을 가지고 다니는 사람이 많습니까?
最近在中国_____的多不多？

⑦ 그럼 일반적으로 어떻게 지불하나요?
那_____怎么_____?

DAY 6

3. 질문에 대답을 작성해봅시다.

① _____
② _____
③ _____
④ _____
⑤ _____
⑥ _____
⑦ _____

4. 다음 단어를 구별하여 읽어보세요.

一般 yìbān	搬家 bānjiā	带 dài	袋子 dàizi
일반적으로	이사하다	휴대하다	봉투

5. 다음 같은 음절이 들어간 단어를 함께 외워 봅시다.

现在 xiànzài 현재	现金 xiànjīn 현금	
每天 měitiān 매일	每个 měige ~ 마다	
人民币 rénmínbì 인민폐	货币 huòbì 화폐	韩币 hánbì 한화
方便 fāngbiàn 편리하다	方式 fāngshì 방식	地方 dìfang 장소, 곳
号码 hàomǎ 번호	扫码 sǎomǎ 코드를 스캔하다	

6. 다음 돈의 액수를 읽어봅시다. 돈에는 元 (圆) yuán 이라고 써져 있으나 읽을 때는 块 kuài 로 읽어줍니다.

5000元	五千块	wǔqiān kuài		
5050元	五千零五十块	wǔqiān líng wǔshí kuài		
5500元	五千五百块	wǔqiān wǔbǎi kuài	五千五	wǔqiān wǔ
5005元	五千零五块	wǔqiān líng wǔ kuài		

07

<왕초보편>에서 배웠던 동사들 다시 외워볼까요?

坐	zuò	앉다	安装	ānzhuāng	설치하다
站	zhàn	서다, 멈추다	存	cún	맡기다
走	zǒu	걷다, 떠나다, 움직이다	收	shōu	받다, 치우다
跑	pǎo	뛰다	取	qǔ	(맡긴 물건)을 찾다. 취하다
放	fàng	두다, 놓다	推	tuī	밀다
装	zhuāng	담다, 싣다	搬	bān	옮기다

Review

Day7

第七课 中国火锅好吃极了
중국 샤부샤부 너무 맛있습니다

Survival 초급탈출 주요 미션

Step by step 미션 수행

▶ **Step1** 새 단어 연습

▶ **Step2** 리딩 구문
리딩 구문 연습
리딩 구문 탐구 : 주요 패턴 & 주요 어법

▶ **Step3** 서바이벌 180
서바이벌 15구문 연습
리딩 구문 체크

▶ **Step4** Word by Word

Self 미션 체크

▶ **Step5** 미션체크 연습문제

Step1 새 단어 연습

새 단어

1. **火锅** huǒguō
   명 샤부샤부

2. **提前** tíqián
   동 (예정된 시간을) 앞당기다 부 미리, 앞서

3. **预订** yùdìng
   명 동 예약(하다)

4. **一会儿** yíhuìr
   (시량사) 잠시, 잠깐

5. **为** wèi
   개 ~를 위해서

6. **客人** kèrén
   명 손님

7. **饼干** bǐnggān
   명 과자

8. **菊花茶** júhuāchá
   명 국화차

9. **差不多** chàbuduō
   형 거의 비슷하다 부 대략

10. **才** cái
    부 ~해서야, 겨우

11. **各种各样** gèzhǒng gèyàng
    (성어) 각양각색, 각종

12. **蔬菜** shūcài
    명 야채

13. **宽粉** kuānfěn
    명 (중국)넓은 당면

14. **所以** suǒyǐ
    (접속사) 그래서

15. **又** yòu
    부 또, 다시 (반복 또는 연속을 표시)

16. **柠檬** níngméng
    명 레몬

17. **汽水** qìshuǐ
    명 탄산수

18. **饱** bǎo
    형 배부르다

19. **极了** jíle
    (형용사 뒤에 정도 보어로 쓰임) 극히, 몹시

20. **走不动** zǒubudòng
    걷지 못하다, 걸을 수가 없다

참고 走不动 zǒubudòng 걸을 수가 없다
➡ 이 표현은 단어로 외워두세요. 제8과 어법에서 더 공부해보기로 해요.

DAY 7

✓ 다음 단어의 성조를 주의해서 읽어봅시다.
▶ 1성 ~ 4성 연습

1성	2성 + 2성	3성	4성 + 4성
锅 guō 냄비	提前 tíqián 미리, 앞서	雪 xuě 눈(snow)	预订 yùdìng 예약(하다)
酸 suān 시다	柠檬 níngméng 레몬	饼 bǐng 부침개	各样 gèyàng (각종)각양

✓ 다음 단어의 경성의 위치를 생각하며 연습해봅시다.
▶ 경성 읽기

1성 + 경성	2성 + 경성	3성 + 경성	4성 + 경성
吃多了 chīduōle 많이 먹었다	好极了 hǎojíle 너무 좋다	吃饱了 chībǎole 배불리 먹었다	走不动了 zǒubudòngle 움직일 수가 없다

✓ 다음은 발음할 때 주의해야 합니다
▶ 발음 주의

(1) 火锅 huǒguō
샤부샤부

huǒ / guō : uo는 u와 o의 결합모음이다. 음의 길이는 u보다 중요모음인 o가 더 길다. u음이 짧더라도 확실히 발음하도록 연습한다.

(2) 菊花 júhuā
국화

jú : ü는 자음 j, q, x 와 함께 쓰일 때, ü의 ¨을 생략하고 기입한다.
huā : ua는 u와 a의 결합모음이다. u음이 짧더라도 확실히 발음하도록 연습한다.

Step2 리딩 구문 | 리딩구문연습

第七课 中国火锅好吃极了

我特别喜欢吃火锅。
Wǒ tèbié xǐhuān chī huǒguō

我跟丈夫一起去餐厅吃火锅，没有提前预订，
Wǒ gēn zhàngfu yìqǐ qù cāntīng chī huǒguō, méiyǒu tíqián yùdìng

餐厅里客人很多，需要等，我们坐在沙发上等了一会儿。
Cāntīngli kèrén hěn duō, xūyào děng, wǒmen zuòzài shāfāshang děng le yíhuìr

服务员为客人免费送饼干、水果和菊花茶。
Fúwùyuán wèi kèrén miǎnfèi sòng bǐnggān、shuǐguǒ hé júhuāchá

差不多等了半个小时才能进餐厅里去。
Chàbuduō děng le bàn ge xiǎoshí cái néng jìn cāntīngli qù

我点了麻辣汤，还点了各种各样的蔬菜、猪肉、牛肉、海鲜 和 宽粉。
Wǒ diǎn le málàtāng, hái diǎnle gèzhǒng gèyàng de shūcài、zhūròu、niúròu、hǎixiān hé kuānfěn

我觉得味道有点儿重。所以我又要了酸甜的柠檬汽水。
Wǒ juéde wèidao yǒudiǎnr zhòng. Suǒyǐ wǒ yòu yào le suāntián de níngméngqìshuǐ

我丈夫要一听雪碧，加冰块儿和柠檬。
Wǒ zhàngfu yào yì tīng xuěbì, jiā bīngkuàir hé níngméng

我叫服务员加了两次汤，我丈夫加了四次汤。
Wǒ jiào fúwùyuán jiā le liǎng cì tāng, wǒ zhàngfu jiā le sì cì tāng.

中国火锅好吃极了，我们都吃饱了。
Zhōngguó huǒguō hǎochī jí le, wǒmen dōu chī bǎo le

我们吃完了就走不动了。
Wǒmen chī wán le jiù zǒubudòng le

DAY 7

 **다음 단어를 써보고 외워봅시다**

- 火锅 huǒguō 火锅 샤부샤부
- 提前 tíqián 提前 미리
- 预订 yùdìng 预订 예약(하다)
- 免费 miǎnfèi 免费 무료(다)
- 宽粉 kuānfěn 宽粉 (중국의) 넓은당면
- 极了 jíle 极了 극히, 몹시
- 饱了 bǎole 饱了 배부르다
- 走不动 zǒubudòng 走不动 걸을 수 없다

해석

나는 특히 샤부샤부 먹는 것을 좋아합니다. 나는 남편과 함께 식당으로 샤부샤부를 먹으러 갔습니다. 미리 예약을 하지 않았습니다. 식당에 손님이 매우 많았습니다. 기다릴 필요가 있었습니다. 우리는 소파에 앉아서 잠시 기다렸습니다. 종업원은 손님을 위해 공짜로 과자, 과일과 국화차를 주었습니다. 거의 30분 기다려서야 식당에 들어갈 수 있었습니다. 나는 "마라탕"을 시키고 각종 각양의 야채, 돼지고기, 소고기, 해산물, 넓은 면을 시켰습니다. 나는 맛이 약간 강하다고 생각해서 또 새콤달콤한 레몬 탄산수를 원했습니다. 남편은 스프라이트 한 캔을 원했고 얼음과 레몬을 추가했습니다. 나는 종업원을 시켜서 탕을 두 번이나 더 추가하고, 남편은 네 번 추가했습니다. 중국 샤부샤부는 너무 맛있습니다. 우리는 배불리 먹었습니다. 다 먹고 나니 걸을 수가 없었습니다.

제7과 중국 샤부샤부 너무 맛있습니다

Step2 리딩 구문 | 리딩구문탐구

◆ 주요 패턴

1 坐在~
zuòzài

~에 앉다

[在장소]를 보어로 갖는 동사들을 아래 예문과 함께 외워두자.

① 你坐在这里吧！ Nǐ zuò zài zhèli ba 당신은 여기에 앉으세요!
② 放在门口。 Fàng zài ménkǒu 입구에 두다. (두세요)
③ 存在前台。 Cún zài qiántái 프론트에 맡기다. (맡겨요)
④ 装在这里。 Zhuāng zài zhèli 여기에 담다. (담아요)

2 我叫服务员加汤
Wǒ jiào fúwùyuán jiā tāng

~로 하여금

叫는 "~를(이라) 부르다"라는 뜻이다.
또한 "~로 하여금 … 하게 하다"라는 **사역동사**로도 쓰인다.

① 我叫他去。 Wǒ jiào tā qù 내가 그보고 가라고 한다.
② 我叫他来。 Wǒ jiào tā lái 내가 그보고 오라 한다.
③ 我叫他学习。 Wǒ jiào tā xuéxí 나는 그에게 공부시킨다.

3 好吃极了
hǎochī jíle
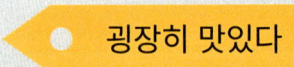
굉장히 맛있다

술어 + 极了 jí le → 대단히, 굉장히 ~ 하다
술어 + 多了 duō le / 死了 sǐ le → 많이(매우)~ 하다 / ~ 해 죽겠다

好极了 hǎo jí le 너무 좋다	好多了 hǎo duō le 매우 좋다	好死了 hǎo sǐ le 좋아 죽겠다
忙极了 máng jí le 너무 바쁘다	忙多了 máng duō le 매우 바쁘다	忙死了 máng sǐ le 바빠 죽겠다

DAY 7

◆ 주요 어법

1 等了半个小时 / 加两次汤
děng le bàn ge xiǎoshí / jiā liǎngcì tāng

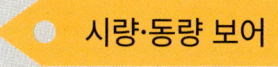
시량·동량 보어

시량·동량 보어란 동사나 형용사의 뒤에서 시간이(회수가) 얼마나 됨을 보충해주는 성분이다.

- **시량사(时量词)**
  시량사는 "시간의 양 (시간의 길고 짧음의 양적 표현)" 으로 이해하자. 예를 들어 3시는 시점이라면 세 시간(三个小时)은 시량이라 한다. 월요일(星期一)은 시점이고, 일주일(一个星期)은 시량이다. 1월(一月)은 시점이고 일 개월(一个月)은 시량을 나타낸다. 다음 페이지에서 여러 가지 시량사를 확인해보자.

- **동량사(动量词)**
  동량사는 동작의 횟수를 나타낸다. 대표적인 동량사는 次 cì (회, 번) 이다.

- **시량·동량 보어**의 경우는 어순이 《술어 + 시량사, 동량사》 이다.

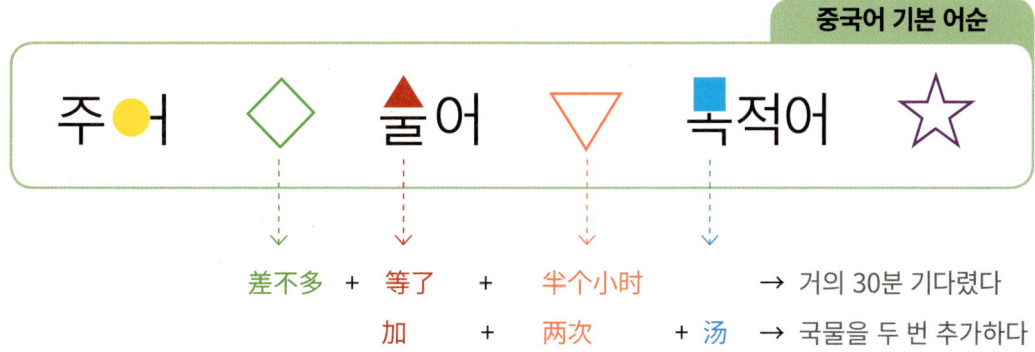

Step2 리딩 구문 | 리딩구문탐구

➡ **여러 가지 시량사** - 아래에 여러 가지 시량사를 꼭 외워두자.

一会儿 yíhuìr 잠시	半天 bàntiān 반나절, 한 참	多长时间 duōchángshíjiān 얼마 동안
几分钟 jǐfēnzhōng 몇 분	几个小时 jǐgexiǎoshí 몇 시간	几天 jǐtiān 몇 일
几个星期 jǐgexīngqī 몇 주	几个月 jǐgeyuè 몇 개월	几年 jǐnián 몇 년

① 看一次吧! Kàn yícì ba 한 번 보자!

② 等一会儿吧! Děng yíhuìr ba 좀 기다려요! (좀 기다리세요)

③ 来过一次。Lái guo yícì 한번 온 적 있다.

④ 洗了半天。Xǐle bàntiān 반나절 씻었다.

⑤ 要多长时间? Yào duōchángshíjiān 얼마나 걸립니까?

⑥ 每天工作几个小时? Měitiān gōngzuò jǐge xiǎoshí 매일 몇 시간 일합니까?

⑦ 学了半年汉语。Xuéle bànnián hànyǔ 중국어를 반년 동안 공부했다.

DAY 7

2 吃完了 / 吃饱了
chīwán le   chībǎo le

결과 보어

<참고: 제5과 주요어법 P.98>

① 吃 + 完了 chī wánle   다 먹었다

② 吃 + 好了 chī hǎole   잘 먹었다

③ 吃 + 饱了 chī bǎole   배불리 먹었다

④ 听 + 完了 tīng wánle   다 들었다

⑤ 听 + 好了 tīng hǎole   잘 들었다

⑥ 听 + 懂了 tīng dǒngle   (들어서) 이해했다

Step3 서바이벌 문장 180

091 你坐在这里，可以吗？
Nǐ zuò zài zhèlǐ, kěyǐ ma

092 放在门口，好吗？
Fàng zài ménkǒu, hǎo ma

093 存在前台，好吗？
Cún zài qiántái, hǎo ma

094 装在这里。谢谢！
Zhuāng zài zhèlǐ. Xièxie

095 差不多两点才开始。
Chà bu duō liǎngdiǎn cái kāishǐ

091. 당신 여기에 앉아도 됩니까?

092. 입구에 놔둬 주시겠어요?

093. 프론트 데스크에 맡겨도 됩니까?

094. 여기에 담아주세요. 감사합니다.

095. 거의 두시 되어서야 시작합니다.

DAY 7

096 差不多到了。
Chà bu duō dào le

097 今年才三岁。
Jīnnián cái sān suì

098 他明年才回来。
Tā míngnián cái huílai

099 味道有点儿重。
Wèidao yǒudiǎnr zhòng

100 味道有点儿淡。
Wèidao yǒudiǎnr dàn

096. 거의 도착했습니다.

097. 올해 겨우 세 살입니다.

098. 그는 내년 되어야 돌아옵니다.

099. 냄새(맛이)가 좀 강합니다.

100. 맛이 좀 밍밍합니다.

□ (냄새,맛이) 세다, 강하다
(무게가) 무겁다
重
zhòng

□ (맛이) 싱겁다. (농도가)옅다
淡
dàn

Step3 서바이벌 문장 180

101 学了半年汉语。
Xué le bànnián hànyǔ

102 下了半天雨。
Xià le bàntiān yǔ

103 服务员，加冰块儿。（热水, 汤, 柠檬）
Fúwùyuán, jiā bīngkuàir （rèshuǐ, tāng, níngméng）

104 看完了这本书。
Kàn wán le zhè běn shū

105 做完了作业。
Zuò wán le zuòyè

---

101. 중국어를 반년간 배웠습니다.

102. 비가 반나절 내렸습니다.

103. 저기요, 얼음 추가해주세요.(뜨거운 물, 국, 레몬)

104. 이 책을 다 봤습니다.

105. 숙제를 다했습니다.

□ 얼음
冰块儿
bīngkuàir

□ 숙제
作业
zuòyè

DAY 7

Recheck! 중요 패턴

- **放在门口，好吗？** 　입구에 놓아주세요, 좋습니까?

- **差不多** 　거의

- **~才…** 　~해서야 …

- **加** 　추가하다

-  + 시량·동량사 : 시량·동량 보어
  → 시량사 다시 체크해봅시다.
  　얼마 동안(多长时间), 잠시(一会儿), 한 시간(一个小时)
  　하루(一天), 일주일(一个星期), 한달(一个月), 일년(一年)

- ⓧ + 결과 보충 단어 : 결과 보어

✎ **Memo**

Step3　리딩 구문 체크하기

 병음 없이 다음 구문을 읽어봅시다.

我特别喜欢吃火锅。
☑ 특히 좋아한다

我跟丈夫一起去餐厅吃火锅，没有提前预订，
☑ 미리 예약하지 않다

餐厅里客人很多，需要等，我们坐在沙发上等了一会儿。
☑ 쇼파에 앉다

服务员为客人免费送饼干、水果和菊花茶。
☑ 무료로 증정하다

差不多等了半个小时才能进餐厅里去。
☑ 식당에 들어가다

我点了麻辣汤，还点了各种各样的蔬菜，猪肉、牛肉、海鲜、宽粉。
☑ 각종각양의 야채

DAY 7

我觉得味道有点儿重。所以我又要了酸甜的柠檬汽水。

☑ 맛이 약간 쎄다

我丈夫要一听雪碧，加冰块儿和柠檬。

☑ 얼음과 레몬을 추가하다

我叫服务员加了两次汤，
我丈夫加了四次汤。

☑ 두 번/ 네 번 추가했다

中国火锅好吃极了，我们都吃饱了。

☑ 너무 맛있다/ 배불리 먹었다

我们吃完了就走不动了。

☑ 움직일 수가 없었다

Step4 Word by Word

◎ 形容词 형용사

重 zhòng	轻 qīng	清淡 qīngdàn	浓 nóng	淡 dàn
무겁다 (냄새가) 진하다	가볍다	싱겁다, 밍밍하다	(농도가) 진하다	싱겁다, 밍밍하다

◎ 点心 diǎnxīn 디저트

饼干 bǐnggān
과자

糖果 tángguǒ
사탕

蛋糕 dàngāo
케이크

年糕 niángāo
떡

冰淇淋 bīngqílín
아이스크림

巧克力 qiǎokèlì
초콜릿

DAY 7

◎ 饮料 yǐnliào 음료

可乐 kělè
콜라

雪碧 xuěbì
스프라이트

啤酒 píjiǔ
맥주

橙汁 chéngzhī
오렌지주스

葡萄汁 pútaozhī
포도주스

苹果汁 píngguǒzhī
사과주스

◎ 茶 chá 차

乌龙茶 wūlóngchá 우롱차	龙井茶 lóngjǐngchá 롱징차	普洱茶 pǔ'ěrchá 보이차
柠檬茶 níngméngchá 레몬차	菊花茶 júhuāchá 국화차	生姜茶 shēngjiāngchá 생강차

Step5 미션체크 연습문제

1. 다음을 천천히 읽어봅시다.

我特别喜欢吃火锅。我跟丈夫一起去餐厅吃火锅，没有提前预订，
餐厅里客人很多，需要等，我们坐在沙发上等了一会儿。
服务员为客人免费送饼干、水果和菊花茶。差不多等了半个小时才能进餐厅里去。
我点了麻辣汤，还点了各种各样的蔬菜、猪肉、牛肉、海鲜和宽粉。
我觉得味道有点儿重。所以我又要了酸甜的柠檬汽水。
我丈夫要一听雪碧，加冰块儿和柠檬。
我叫服务员加了两次汤，我丈夫加了四次汤。中国火锅好吃极了，我们都吃饱了。
我们吃完了就走不动了。

2. 다음 해석을 보고 질문을 완성해 보세요.

① 그녀는 미리 식당을 예약했습니까?
　　她有没有＿＿＿＿＿＿＿＿＿＿＿＿？

② 식당에 손님이 많아요?
　　餐厅里客人＿＿＿＿＿＿＿＿＿＿＿？

③ 그들은 기다렸습니까 다른 식당에 갔습니까?
　　他们＿＿＿了还是＿＿＿别的餐厅了？

④ 얼마나 기다렸습니까?
　　他们等了＿＿＿＿＿＿＿＿＿＿＿？

⑤ 무엇을 주문했습니까?
　　他们＿＿＿了什么？

⑥ 그들은 많이 먹었습니까?
　　他们＿＿＿＿＿＿＿＿＿＿＿＿？

DAY 7

3. 위 질문에 대답을 작성해봅시다.

① _____
② _____
③ _____
④ _____
⑤ _____
⑥ _____

4. 다음 단어를 구별하여 읽어보세요. 밑줄 친 병음에 성조를 넣어보세요.

餐厅 cānting 식당	预订 yùding 예약하다	柠檬 ningméng 레몬
柠檬 níngmeng 레몬	蒙古 ménggǔ 몽고	
吃饱 chībao 배불리 먹다	打包 dǎbāo 포장하다	
各种各样 gezhǒng geyàng 각종각양	客人 kerén 손님	

5. 다음 기본 어순표를 참고로 해석을 보고 문장을 완성하여 봅시다.

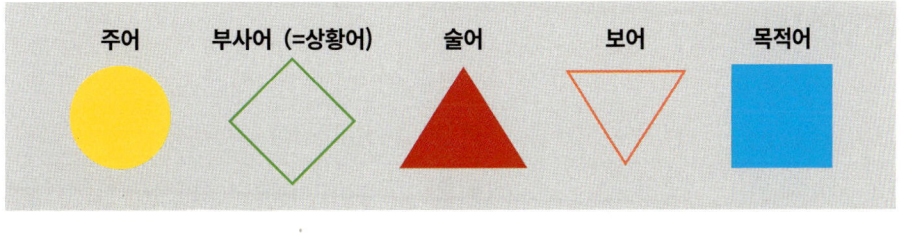

① 잠시 기다리셔야 합니다.　_____
② 다음 주에 두 번 오세요.　_____
③ 중국어를 두 달 동안 배웠어요.　_____
④ (시간이) 대략 얼마나 걸렸나요?　_____
⑤ 텔레비전을 세 시간 동안 봤습니다.　_____

08

Review

<왕초보편>에서 배웠던 여러 가지 방위사 다시 외워볼까요?

左边儿	zuǒbianr	왼쪽	外边儿	wàibianr	바깥(쪽)
右边儿	yòubianr	오른쪽	前边儿	qiánbianr	앞(쪽)
上边儿	shàngbianr	위(쪽)	后边儿	hòubianr	뒷(쪽)
下边儿	xiàbianr	아랫(쪽)	对面	duìmiàn	맞은편
里边儿	lǐbianr	안(쪽)	旁边儿	pángbiānr	옆(쪽)

Day8

第八课 跟着导航
내비게이션을 따라갑니다

Survival 초급탈출 주요 미션

Step by step 미션 수행

- **Step1** 새 단어 연습

- **Step2** 리딩 구문
  리딩 구문 연습
  리딩 구문 탐구 : 주요 패턴 & 주요 어법

- **Step3** 서바이벌 180
  서바이벌 15구문 연습
  리딩 구문 체크

- **Step4** Word by Word

Self 미션 체크

- **Step5** 미션체크 연습문제

Step1 새 단어 연습

새 단어

1. 秋天 qiūtiān
   (명) 가을

2. 不冷不热 bùlěng búrè
   (상용어) 춥지도 덥지도 않다

3. 凉快 liángkuai
   (형) 시원하다

4. 这么 zhème
   (부) 이렇게

5. 短 duǎn
   (형) 짧다

6. 应该 yīnggāi
   (능원동사) 마땅히 ~ 해야한다

7. 好好儿 hǎohāor
   (부) 잘, 열심히, 진지하게

8. 享受 xiǎngshòu
   (명)(동) 즐기다, 향수하다, 누리다

9. 下载 xiàzǎi
   (동) 다운로드하다

10. 拍 pāi
    (동) (사진을)찍다, (손바닥으로)치다

11. 导航 dǎoháng
    (명) 내비게이션

12. 跟着 gēnzhe
    (숙어) 따라가다, 좇아가다

13. 右拐 yòuguǎi
    (상용어) 오른쪽으로 돌다

14. 左转 zuǒzhuǎn
    (상용어) 왼쪽으로 돌다

15. 一直 yìzhí
    (부) 쭉, 줄곧

16. 过马路 guò mǎlù
    (동빈) 길을 건너다

17. 大概 dàgài
    (부) 대략

18. 听得懂 tīng de dǒng
    (상용어) 알아들을 수 있다

19. 因为 ~ 所以 … yīnwèi ~ suǒyǐ …
    (접속사) 왜냐하면~ 때문에, 그래서….

20. 发音 fāyīn
    (명) 발음

21. 声调 shēngdiào
    (명) 성조

22. 标准 biāozhǔn
    (명)(동) 표준, 표준적이다

23. 清楚 qīngchu
    (형) 선명하다

DAY 8

✓ 《这么 zhème 이렇게》는 회화에서 많이 쓰이는 부사입니다. 동사, 형용사와 함께 연습해봅시다.
▶ 这么 zhème 이렇게

这么拍 zhème pāi 이렇게 (사진을)찍는다	这么来 zhème lái 이렇게 온다	这么写 zhème xiě 이렇게 쓴다	这么做 zhème zuò 이렇게 만든다
这么高 zhème gāo 이렇게 크다(높다)	这么忙 zhème máng 이렇게 바쁘다	这么好 zhème hǎo 이렇게 좋다	这么贵 zhème guì 이렇게 비싸다
这么清楚 zhème qīngchu 이렇게 선명하다	这么便宜 zhème piányi 이렇게 싸다	这么好看 zhème hǎokàn 이렇게 보기좋다	这么漂亮 zhème piàoliang 이렇게 예쁘다

✓ 다음 3성의 성조 조합을 연습해봅시다.
▶ 3성 읽기

标准 biāozhǔn 표준적이다	晴朗 qínglǎng 맑고 청명하다	左转 zuǒzhuǎn 왼쪽으로 돌다	下载 xiàzǎi 다운로드하다
打车 dǎchē 택시를 타다(잡다)	导航 dǎoháng 내비게이션	所以 suǒyǐ 그래서	享受 xiǎngshòu 즐기다

✓ 다음은 발음할 때 주의해야 합니다.
▶ 발음 주의

(1) **秋天 qiūtiān** 가을
qiū q+iou : iou는 자음과 결합할 때 o를 탈락시켜 qiu라고 기입하지만 탈락된 o의 음가는 살려서 발음한다.

(2) **左拐 zuǒguǎi** 왼쪽으로 돌다
zuǒ guǎi : 이 단어 안에 각각 u [우]발음이 있다. "우"를 뭉개서 [줘과이(X)]라 발음하지 않도록 주의하자. [주워 구아이 (O)]이다.

(3) **标准 biāozhǔn** 표준적이다
biāo : 이 발음 안에 i음은 짧지만 발음할 때 빠뜨리지 않도록 주의하자.
zhǔn zh+uen : uen은 자음과 결합할 때는 e를 탈락 시키고 zhun 라고 기입하지만 탈락된 e의 음가는 살려서 발음한다.

Step2 리딩 구문 | 리딩구문연습

第八课 跟着导航

上海的秋天不冷不热，天高了，天气凉快了。
Shànghǎi de qiūtiān bù lěng bú rè, tiān gāo le, tiānqì liángkuai le

这么好的秋天很短。 我应该好好儿享受。
Zhème hǎo de qiūtiān hěn duǎn. Wǒ yīnggāi hǎohāor xiǎngshòu

我打车去外滩。那里有很多又好看又好吃的餐厅。
Wǒ dǎchē qù Wàitān. Nàli yǒu hěn duō yòu hǎokàn yòu hǎochī de cāntīng

我下车走一走，拍一拍照片。
Wǒ xiàchē zǒu yi zǒu, pāi yi pāi zhàopiàn

我应该去星巴克外滩店见朋友。 不知道怎么走。
Wǒ yīnggāi qù Xīngbākè Wàitāndiàn jiàn péngyou. Bùzhīdào zěnme zǒu

我下载了导航APP。
Wǒ xiàzǎi le dǎoháng APP

我跟着导航，她说右拐，我就右拐。
Wǒ gēnzhe dǎoháng, tā shuō yòuguǎi, wǒ jiù yòu guǎi

她说左转就左转。说一直走就一直走， 说过马路就过马路。
Tā shuō zuǒzhuǎn jiù zuǒzhuǎn. Shuō yìzhí zǒu jiù yìzhí zǒu, shuō guò mǎlù jiù guò mǎlù

我汉语听得还很差，但是导航说的大概都听得懂。
Wǒ hànyǔ tīng de hái hěn chà, dànshì dǎoháng shuōde dàgài dōu tīng de dǒng

因为她的发音、声调很标准，所以听起来很清楚。
Yīnwèi tāde fāyīn、shēngdiào hěn biāozhǔn, suǒyǐ tīngqǐlái hěn qīngchu

참고 外滩 Wàitān 와이탄 (상하이 황푸취에 있는 빌딩구역 – 황푸강 맞은편 현대적인 건물의 야경 볼 수 있는 주요 관광지)
星巴克 Xīngbākè 스타벅스

DAY 8

다음 단어를 써보고 외워봅시다

- 应该 yīnggāi 应该 ~ 해야 한다
- 享受 xiǎngshòu 享受 즐기다
- 拍 pāi 拍 (사진을) 찍다
- 导航 dǎoháng 导航 내비게이션
- 右拐 yòuguǎi 右拐 오른쪽으로 돌다
- 左转 zuǒzhuǎn 左转 왼쪽으로 돌다
- 过马路 guò mǎlù 过马路 길을 건너다
- 标准 biāozhǔn 标准 표준이다
- 清楚 qīngchu 清楚 선명하다, 분명하다

해석

상하이의 가을은 춥지도 않고 덥지도 않고, 하늘은 높아지고, 날씨는 시원해집니다. 이렇게 좋은 가을은 매우 짧아서 나는 잘 즐겨야만 합니다. 택시를 타고 와이탄으로 갔습니다. 거기에는 이쁘고 맛있는 식당들이 매우 많이 있습니다. 나는 차에서 내려 조금 걷고 사진도 찍었습니다. 나는 스타벅스 와이탄 지점에 친구를 만나러 가야 하는데 어떻게 가는지 몰랐습니다. 나는 내비게이션 앱을 다운로드했습니다. 나는 내비게이션을 따라서, 그녀가 우측으로 가라 하면 우측으로 가고 그녀가 좌측으로 돌라고 하면 좌측으로 돌아갔습니다. 쭉 가라고 하면 쭉 가고 길을 건너라 하면 길을 건넜습니다. 나는 중국어 듣기가 아직 부족하지만 내비게이션이 말하는 것은 나는 대략 알아들을 수 있습니다. 왜냐면 그녀의 발음, 성조가 매우 표준적이기 때문에 듣기에 매우 분명합니다.

Step2 리딩 구문 | 리딩구문탐구

● 주요 패턴

1 不~ 不…
bù   bù

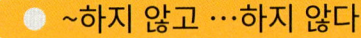 ~하지 않고 …하지 않다

① 不大不小。Bú dà bù xiǎo 크지도 작지도 않습니다.
② 不冷不热。Bù lěng bú rè 춥지도 덥지도 않습니다.
③ 不吃不喝。Bù chī bù hē 먹지도 않고 마시지도 않습니다.

2 应该 好好儿~
yīnggāi hǎohāor

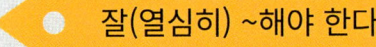 잘(열심히) ~해야 한다

① 你应该好好儿学习。Nǐ yīnggāi hǎohāor xuéxí 당신은 열심히 공부해야 합니다.
② 你应该好好儿看看。Nǐ yīnggāi hǎohāor kànkan 당신은 잘 봐야 합니다.
③ 你应该好好儿准备。Nǐ yīnggāi hǎohāor zhǔnbèi 당신은 잘 준비해야 합니다.

3 因为~ , 所以…
yīnwèi   suǒyǐ

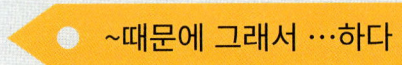 ~때문에 그래서 …하다

① 因为我头疼，所以请假了。Yīnwèi wǒ tóuténg, suǒyǐ qǐngjià le
나는 머리가 아파서 그래서 휴가를 냈습니다.

② 因为工作太多，所以我不能休息。Yīnwèi gōngzuò tài duō, suǒyǐ wǒ bùnéng xiūxi
일이 너무 많아서 그래서 휴식을 할 수가 없습니다.

③ 因为他成绩不好，所以考不上了。Yīnwèi tā chéngjì bùhǎo, suǒyǐ kǎobushàng le
그는 성적이 안 좋아서 시험에 합격하지 못했습니다.

DAY 8

◆ 주요 어법

1 走一走 / 拍一拍
zǒu yi zǒu   pāi yi pāi

동사의 중첩

동사의 중첩(重叠) 같은 동사를 중복해서 쓰는 것을 중첩이라고 한다.
<제1과 주요어법 P.17> 참고

- **형태**: [동사 + 동사] 또는 [동사 一 동사]
  단지, 동사가 2음절 동사일 경우 [동사 一 동사] 의 형태는 쓰지 않는다.
  (예) 工作一工作 (X), 工作工作 (O)

等等	等一等	走走	走一走	看看	看一看
děngděng	děngyiděng	zǒuzǒu	zǒuyizǒu	kànkàn	kànyikàn

- **의미**: 동사를 중첩하면 완곡한 어조를 만든다. (해석할 때 "조금, 좀"의 의미로 생각하면 된다)

① 我一个人走一走。Wǒ yígerén zǒu yi zǒu 나 혼자서 좀 거닙니다.
② 拍一拍照片。Pāi yi pāi zhàopiàn 사진을 좀 찍습니다.
③ 过来看一看。Guòlái kàn yi kàn 이리 와서 좀 보세요.
④ 在家休息休息！Zài jiā xiūxi xiūxi 집에서 좀 휴식하세요!

2 听得很差
tīng de hěn chà

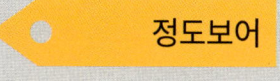
정도보어

정도보어는 <제3과 P.58>를 참고. 아래의 정도 보어의 예문을 더 살펴보자.

① 汉语说得不错。Hànyǔ shuō de búcuò 중국어를 괜찮게 한다 (했다).
② 中文学得很好。Zhōngwén xué de hěn hǎo 중국어 공부를 매우 잘 한다 (했다).
③ 汉字写得不错。Hànzì xiě de bú cuò 한자를 괜찮게 쓴다 (썼다).
④ 菜做得很好。Cài zuò de hěn hǎo 음식을 매우 잘 만든다 (만들었다).

Step2 리딩 구문 | 리딩구문탐구

3 听得懂 / 走不动 알아 들을 수 있다 / 움직일 수 없다 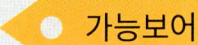 가능보어
tīng de dǒng   zǒu bu dòng

가능보어

- **형태** : 《 술어 + 得/不 + 결과를 나타내는 보충어 또는 방향을 나타내는 보충어 》

- **의미** : 가능 보어는 술어 뒤에서 [가능과 불가능]의 의미를 보충해준다. 이 가능 보어의 여러 유형이 있으나 여기서는 기본 유형 《 술어 得/不 결과보어 또는 방향동사 》의 예만 살펴보자.

(예)

听 + 懂   →   听得懂 / 听不懂
술어 결과보어   알아 들을 수 있다 / 알아 들을 수 없다

拿 + 下来   →   拿得下来 / 拿不下来
술어 방향동사   들어 내릴 수 있다 / 들어 내릴 수 없다

이런 형태를 **가능보어**라고 한다

- **의문문 형태**

  ○ **吗 의문문**   听得懂吗? Tīng de dǒng ma 알아 듣겠습니까?
                    听不懂吗? Tīng bu dǒng ma 못 알아 듣겠습니까?

  ○ **긍정 부정 의문문** 听得懂听不懂? Tīng de dǒng tīng bu dǒng
                        알아 듣겠습니까 못 알아 듣겠습니까?

DAY 8

(참고) 가능보어 형태는 긍정형 보다는 부정형이 더 많이 쓰인다. 즉 听得懂 보다는 听不懂이 더 많이 쓰인다. 가능보어는 단어처럼 외워두어서 활용하자.

① 你说得很快，我听不懂。Nǐ shuō de hěn kuài, wǒ tīng bu dǒng
당신 말이 매우 빨라서 나는 알아 들을 수가 없습니다.

② 我一个人吃不完。Wǒ yí ge rén chī bu wán
나 혼자서 다 먹을 수 없습니다.

③ 箱子太重了，拿不下来。Xiāngzi tài zhòng le, ná bu xiàlai
상자가 너무 무거워서 들어내릴 수 없습니다

④ 我肚子太饱了，走不动了。Wǒ dùzi tài bǎo le, zǒu bu dòng le
저는 배가 너무 불러서, 움직일 수 없습니다.

Step3 서바이벌 문장 180

106 师傅，前面停一下。
Shīfu, qiánmiàn tíng yíxià

107 右拐停一下。
Yòu guǎi tíng yíxià

108 左转停一下。
Zuǒ zhuǎn tíng yíxià

109 过马路停一下。
Guò mǎlù tíng yíxià

110 一直走，前面右拐停一下。
Yìzhí zǒu, qiánmiàn yòuguǎi tíng yíxià

---

106. 아저씨 앞에서 멈춰주세요.

107. 우측으로 돌아서 세워주세요.

108. 왼쪽으로 돌아서 세워주세요.

109. 길을 건너서 세워주세요.

110. 쭉 가세요, 앞에서 우측으로 돌아 세워주세요.

DAY 8

111 师傅，你跟着导航！
Shīfu, nǐ gēnzhe dǎoháng

112 韩国的春天天气最好。
Hánguóde chūntiān tiānqì zuì hǎo

113 天气不冷不热。
Tiānqì bù lěng bú rè

114 我跟妈妈散散步。
Wǒ gēn māma sànsàn bù

115 我跟朋友拍一拍照片。
Wǒ gēn péngyou pāi yi pāi zhàopiàn

---

111. 아저씨 내비게이션 대로 가주세요.

112. 한국의 봄 날씨는 가장 좋습니다.

113. 날씨가 춥지도 덥지도 않습니다.

114. 나는 엄마와 산책을 좀 합니다.

115. 나는 친구와 사진을 좀 찍습니다.

☐ 산책하다
散步
sàn bù

Step3　서바이벌 문장 180

116 我跟老师聊一聊天儿。
Wǒ gēn lǎoshī liáo yi liáo tiānr

117 听得懂听不懂？
Tīng de dǒng tīng bu dǒng

118 我大概都听不懂。
Wǒ dàgài dōu tīng bu dǒng

119 太远了。我走不动了。
Tài yuǎn le. Wǒ zǒubudòng le

120 对不起，我听不懂。再说一遍！
Duìbuqǐ, wǒ tīngbudǒng. Zài shuō yíbiàn

---

116. 나는 선생님과 얘기 좀 합니다.

117. 알아들을 수 있습니까?

118. 저는 대략 다 못 알아듣겠어요.

119. 너무 멀어요. 저는 더 못 걷겠어요.

120. 죄송해요, 저는 못 알아듣겠어요.
다시 한번 말해주세요.

□ 한 번
一遍
　yíbiàn
(동작이 시작되어 끝날 때까지의 전 과정을 말함)

DAY 8

Recheck! 중요 패턴

- 过 guò 건너다　拐 guǎi (커브)돌다　转 zhuǎn (커브)돌다　停 tíng 멈추다

- 不~ 不… ~하지 않고 …하지 않다

- 동사의 중첩 : [동사 + 동사] 또는 [동사 一 동사]

- 가능보어 : 대표적인 가능보어 형태 《听得懂 / 听不懂》

 **Memo**

Step3　리딩 구문 체크하기

 병음 없이 다음 구문을 읽어봅시다.

上海的秋天不冷不热，天高了，天气凉快了。

☑ 춥지도 덥지도 않다

这么好的秋天很短。我应该好好儿享受。

☑ 이렇게 좋은 가을

我打车去外滩。那里有很多又好看又好吃的餐厅。

☑ 예쁘고 맛있는 식당

我下车走一走，拍一拍照片。

☑ 사진을 좀 찍다

我应该去星巴克外滩店见朋友。不知道怎么走。

☑ 어떻게 가는지 모른다

DAY 8

我下载了导航APP。

☑ 내비게이션을 다운로드하다

我跟着导航，她说右拐，我就右拐。

☑ 내비게이션을 따라가다

她说左转就左转。说一直走就一直走，说过马路就过马路。

☑ 왼쪽으로 돌다 / 쭉 가다

我汉语听得还很差，但是导航说的大概都听得懂。

☑ 대략 다 알아들을 수 있다

因为她的发音、声调很标准，所以听起来很清楚。

☑ 성조가 매우 표준적이다

Step 4 Word by Word

◎ 语言的四个部分 언어의 네 파트

听力 tīnglì	口语 kǒuyǔ	阅读 yuèdú	写作 xiězuò
듣기	말하기	읽기	쓰기

◎ 중국어 학습 관련 단어

声音 shēngyīn	发音 fāyīn	声调 shēngdiào	汉字 hànzì
소리, 목소리	발음	성조	한자
背词儿 bèi cí'er	读生词 dú shēngcí	写文章 xiě wénzhāng	查词典 chá cídiǎn
단어를 외우다	새 단어를 읽다	문장을 쓰다	사전을 찾다

◎ 方位词 fāngwèicí 방위사

东 dōng	南 nán	西 xī	北 běi
동	남	서	북
左 zuǒ	右 yòu	上 shàng	下 xià
왼쪽	오른쪽	위	아래
前 qián	后 hòu	里 lǐ	外 wài
앞	뒤	안	밖

DAY 8

◎ 天气预报 tiānqì yùbào 일기예보

阴天
yīntiān
흐린 날

晴天
qíngtiān
맑은 날

微风
wēifēng
약한 바람

大风
dàfēng
강한 바람

多雨
duōyǔ
강한 비

少雨
shǎoyǔ
약한 비

阴雨
yīnyǔ
흐리고 비

雾霾
wùmái
스모그

小雨转多云
xiǎoyǔ zhuǎn duōyún
약한 비가 내리다 많은 구름으로 바뀝니다

多云转晴
duōyún zhuǎn qíng
구름이 많다가 맑게 됩니다

晴转阴天
qíng zhuǎn yīntiān
맑다가 흐린 날로 바뀝니다

Step5 미션체크 연습문제

1. 다음을 천천히 읽어봅시다.

上海的秋天不冷不热，天高了，天气凉快了。这么好的秋天很短。我应该好好儿享受。我打车去外滩。那里有很多又好看又好吃的餐厅。
我下车走一走，拍一拍照片。我应该去星巴克外滩店见朋友。不知道怎么走。我下载了导航APP。我跟着导航，她说右拐，我就右拐。她说左转就左转。
说一直走就一直走，说过马路就过马路。
我汉语听得还很差，但是导航说的大概都听得懂。因为她的发音、声调很标准，所以听起来，很清楚。

2. 다음 해석을 보고 질문을 완성해 보세요.

① 상하이의 가을은 어떤가요?
　　上海的秋天＿＿＿＿＿＿＿＿？

② 이렇게 좋은 가을이 긴가요 짧은가요?
　　＿＿＿＿＿＿＿＿＿的秋天长不长？

③ 가을이 짧기 때문에 그녀는 어떻게 해야 한다고 생각합니까?
　　＿＿＿＿＿秋天很短，她＿＿＿＿＿应该怎么样？

④ 그녀는 어떻게 와이탄에 갔나요?
　　她＿＿＿＿＿＿＿外滩？

⑤ 그녀의 중국어는 어떤가요?
　　＿＿＿＿＿＿＿＿＿怎么样？

⑥ 그녀는 무엇을 따라서 길을 찾나요?
　　她＿＿＿＿＿什么找路？

⑦ 그녀는 네비게이션이 하는 말을 알아듣나요?
　　她＿＿＿＿＿＿＿导航说的话吗？

⑧ 그녀는 어떻게 네비게이션이 하는 말을 알아들을 수가 있습니까?
　　她怎么＿＿＿＿＿＿＿＿＿＿＿＿＿＿＿？

DAY 8

3. 질문에 대답을 작성해봅시다.

① _____
② _____
③ _____
④ _____
⑤ _____
⑥ _____
⑦ _____
⑧ _____

4. 다음 단어를 구별하여 읽어보고 단어의 뜻을 써봅시다.

应该 yīnggāi _____	硬 yìng _____
享受 xiǎngshòu _____	收 shōu _____
外滩 wàitān _____	难 nán _____
餐厅 cāntīng _____	停 tíng _____
星巴克 xīngbākè _____	把 bǎ _____
清楚 qīngchu _____	晴 qíng _____

5. 다음 같은 음절이 들어간 단어가 있는 단어를 연결해서 읽어보자.

凉快 liángkuai 시원하다	快乐 kuàilè 즐겁다	音乐 yīnyuè 음악
辅导 fǔdǎo 보충지도하다	导航 dǎoháng 내비게이션	
差 chà 부족하다	差不多 chàbuduō 비슷하다, 거의	
发音 fāyīn 발음	发短信 fāduǎnxìn 메시지를 보내다	
标准 biāozhǔn 표준적이다	准备 zhǔnbèi 준비하다	

제8과 내비게이션을 따라갑니다 **167**

09

<왕초보편>에서 배웠던 여러 가지 호칭 명사 다시 외워볼까요?

服务员 fúwùyuán
종업원 부를 때

阿姨 āyí
아줌마 부를 때

师傅 shīfu
아저씨 부를 때

小姐 xiǎojiě
아가씨 부를 때

先生 xiānsheng
격식을 차려서 성인 남자를 부를 때

小朋友 xiǎopéngyou
아이를 부를 때

宝宝 bǎobao
아가, 어린 애를 부를 때

小哥 xiǎogē
미혼의 젊은 남자를 부를 때

同学 tóngxué
학생을 부를 때

美女 měinǚ
젊은 여자를 친절하게 부를 때

叔叔 shūshu
젊은 성인을 친숙한 어조로 부를 때

女士 nǚshì
격식을 차려서 성인 여성을 부를 때

Day 9

第九课 我去医院看病
저는 병원에 진찰받으러 갔습니다

Survival 초급탈출 주요 미션

Step by step 미션 수행

- **Step1** 새 단어 연습
- **Step2** 리딩 구문
  리딩 구문 연습
  리딩 구문 탐구 : 주요 패턴 & 주요 어법
- **Step3** 서바이벌 180
  서바이벌 15구문 연습
  리딩 구문 체크
- **Step4** Word by Word

Self 미션 체크

- **Step5** 미션체크 연습문제

Step1 새 단어 연습

새 단어

1. **起床** qǐ chuáng
   (동+빈) 기상하다, 일어나다

2. **发烧** fā shāo
   (동+빈) 열이 나다

3. **肚子** dùzi
   명 (신체) 배

4. **疼** téng
   형 아프다

5. **舒服** shūfu
   형 편하다

6. **拉肚子** lā dùzi
   (동+빈) 배탈나다, 배가 아푸다

7. **吃错了** chīcuòle
   (동+보) 잘못 먹었다

8. **好像** hǎoxiàng
   동 ~ 인 것 같다

9. **回答** huídá
   동 대답하다

10. **坏** huài
    형 나쁘다

11. **医生** yīshēng
    명 의사

12. **开药** kāi yào
    (동+빈) 약을 처방하다

13. **打针** dǎ zhēn
    (동+빈) 주사를 맞다, 놓다

14. **休息** xiūxi
    동 휴식하다

DAY 9

◎ **다음 《3성+ 1성, 2성, 3성, 4성》 조합을 3성에 집중하여 연습해봅시다.**

▶ 반3성 연습

3성 + 1성	3성 + 2성	3성 + 3성	3성 + 4성
打针 dǎ zhēn 주사 놓다	起床 qǐ chuáng 기상하다	火腿 huǒtuǐ 햄	好像 hǎoxiàng ~인 것 같다

◎ **다음 단어들의 성조를 주의해서 읽어봅시다.**

▶ 4성 연습

1성 + 1성	2성 + 2성	3성 + 3성	4성 + 4성
发烧 fāshāo 열나다	头疼 tóuténg 머리가 아프다	洗手 xǐshǒu 손을 씻다	看病 kànbìng 진찰하다

◎ **동빈(동사+목적어)구조의 이합사(离合词)를 외워봅시다.**

▶ 이합사 연습

이합사(离合词)란 동사와 목적어 형태가 합쳐져서 <동+빈>의 구조를 갖고 있는 단어를 말한다. (아래 이합사는 한국어로 해석되었을 때 목적어를 나타내는 요소가 없다 보니 2음절 동사로 오해하는 경우가 종종 있으니 주의하도록 한다)

• 아래 단어를 다시 외우며 **동+빈 구조**임을 확인하자.

起/床 qǐ chuáng 일어나다	下/雨 xià yǔ 비가 내리다	下/雪 xià xuě 눈이 내리다	刮/风 guā fēng 바람이 불다
聊/天儿 liáo tiānr 수다 떨다	散/步 sàn bù 산책하다	见/面 jiàn miàn 만나다	毕/业 bì yè 졸업하다

Step2 리딩 구문 | 리딩구문연습

第九课 我去医院看病

我今天早上一起床，就肚子疼，还发烧。
Wǒ jīntiān zǎoshang yì qǐchuáng, jiù dùzi téng, hái fāshāo

我去医院看病。医生问我"哪儿不舒服？"
Wǒ qù yīyuàn kànbìng. Yīshēng wèn wǒ "nǎr bù shūfu?"

我说"肚子疼，拉肚子, 还发烧"。
Wǒ shuō "dùzi téng, lā dùzi, hái fāshāo"

医生问我"你好像吃错了东西。昨天吃什么了？"
Yīshēng wèn wǒ "nǐ hǎoxiàng chīcuòle dōngxi. Zuótiān chī shénme le?"

我回答说"海鲜汤面"。
Wǒ huídá shuō "hǎixiāntāngmiàn"

他说"昨天吃的海鲜好像是坏的"。
Tā shuō "zuótiān chīde hǎixiān hǎoxiàng shì huài de"

医生马上给我开药, 给我打了一针。
Yīshēng mǎshàng gěi wǒ kāi yào, gěi wǒ dǎ le yì zhēn

他跟我说"回家好好儿休息, 多多喝水"。
Tā gēn wǒ shuō "huíjiā hǎohāor xiūxi, duōduō hē shuǐ"

DAY 9

다음 단어를 써보고 외워봅시다

疼 téng	疼	아프다
发烧 fāshāo	发烧	열이 나다
舒服 shūfu	舒服	편하다
好像 hǎoxiàng	好像	~인 것 같다
回答 huídá	回答	대답하다
坏 huài	坏	나쁘다. 썩다. 망가지다.
开药 kāiyào	开药	약을 처방하다
打针 dǎzhēn	打针	주사놓다, 주사맞다
休息 xiūxi	休息	휴식하다

해석

나는 오늘 아침에 일어나자마자 바로 배가 아프고 열이 났습니다. 나는 진찰하러 병원에 갔습니다. 의사는 나에게 "어디가 불편하세요?" 라고 물었습니다. 나는 "배가 아프고 설사하고 그밖에 열이 납니다." 라고 말했습니다. 그는 뭔가 잘못 먹은 거 같다고, 어제 뭘 먹었냐고 물어봤습니다. 나는 "해물탕 면이요" 라고 대답해 말했습니다. 그는 "어제 먹은 해산물이 상한 것 같네요." 라고 하였습니다. 의사는 바로 나에게 약 처방을 해주었고 나에게 주사 한 대를 놓았습니다. 그는 나에게 "집에 가서 많이 휴식하고 물을 많이 마시라" 고 말했습니다.

Step2 리딩 구문 | 리딩구문탐구

● **주요 패턴**

1 一 ~ 就…
yì, yí   jiù

① ~ 하자마자 … 하다 ② ~ 하기만 하면 … 하다

① 一到八点就起床。Yí dào bādiǎn jiù qǐ chuáng
8시만 되면 기상합니다. (8시 되자마자 일어납니다)

② 一看书，就累了。Yí kànshū, jiù lèi le
책만 보면 피곤해집니다. (책을 보자마자 피곤해졌습니다)

③ 一喝酒，脸就变红了。Yì hē jiǔ, liǎn jiù biàn hóng le
술만 마시면 얼굴이 빨개집니다. (술을 마시자 마자 얼굴이 빨개졌습니다)

2 好像 ~
hǎoxiàng

(마치) ~인 것 같다

① 好像错了。Hǎoxiàng cuò le
잘못 된 것 같습니다.

② 好像吃错了。Hǎoxiàng chī cuò le
잘못 먹은 것 같습니다.

③ 好像坏了。Hǎoxiàng huài le
망가진 것 같습니다. (쉰 것 같습니다)

DAY 9

◆ 주요 어법

1 **我去医院看病。**
Wǒ qù yīyuàn kànbìng

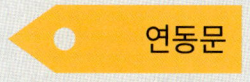 연동문

연동문이란 하나의 주어에 두 개 혹은 두 개 이상의 동사술어가 구성하는 구문을 말한다.
<1. 왕초보편 제12강>에서 연동문을 배운 적 있다. 아래 연동문 구문을 좀 더 보자.

① 我带孩子去医院。 Wǒ dài háizi qù yīyuàn
나는 아이를 데리고 병원에 갑니다.

② 我带孩子去医院看病。 Wǒ dài háizi qù yīyuàn kànbìng
나는 아이를 데리고 병원에 진찰받으러 갑니다.

③ 我们打的去吧。 Wǒmen dǎdī qù ba
우리 택시 타고 갑시다.

④ 他每天都骑车去学校。 Tā měitiān dōu qí chē qù xuéxiào
그는 매일 자전거 타고 학교에 갑니다

Step2 리딩 구문 | 리딩구문탐구

2 **医生问我 "哪儿不舒服？"**
Yīshēng wèn wǒ "nǎr bù shūfu?"

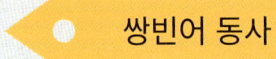 쌍빈어 동사

쌍빈어 동사에서 빈어라는 말은 "목적어"라는 뜻이다. 쌍빈어라고 하면 "목적어 두 개"를 뜻한다. "목적어 두 개"를 갖을 수 있는 동사를 **쌍빈어 동사**라고 한다.

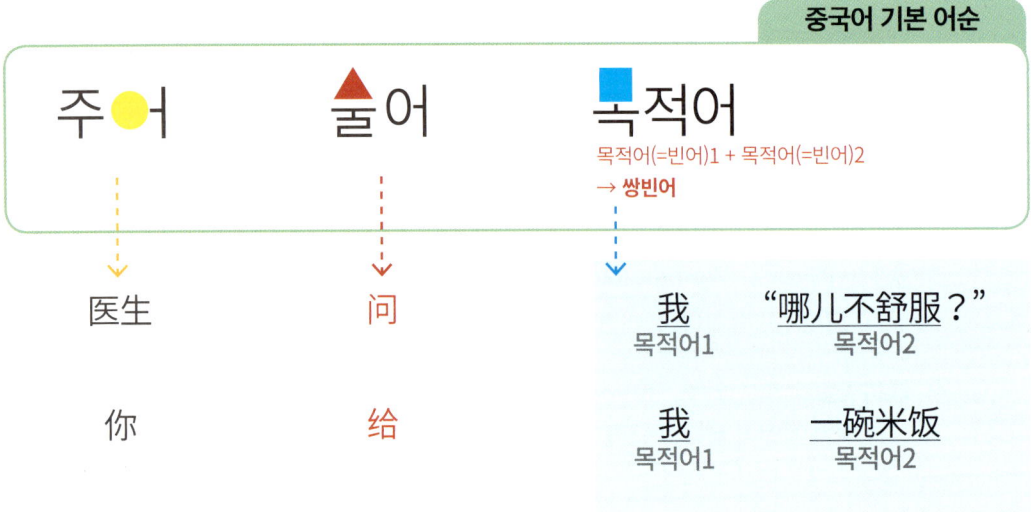

■ 아래에 쌍빈어 동사를 살펴보자.

给 gěi	送 sòng	问 wèn	告诉 gàosu	教 jiāo
주다	선물주다 (증정하다)	묻다	알려주다	가르치다

DAY 9

① 他问我"有没有钱？" Tā wèn wǒ "yǒuméiyǒu qián?"
그는 나에게 돈있냐고 물었습니다.

② 你问他"怎么走？" Nǐ wèn tā "zěnme zǒu?"
당신은 그에게 어떻게 가냐고 물어보세요.

③ 你给我菜单。 Nǐ gěi wǒ càidān
저에게 메뉴판 주세요.

④ 阿姨，送我这一个，好吗？ Āyí, sòng wǒ zhè yí ge, hǎoma?
아줌마, 저 이거 한 개 주세요.

⑤ 我告诉你我的手机号码。 Wǒ gàosu nǐ wǒde shǒujīhàomǎ
제 핸드폰 번호를 알려드릴게요.

Step3 서바이벌 문장 180

121 去医院看病。
Qù yīyuàn kàn bìng

122 去市场买菜。
Qù shìchǎng mǎi cài

123 你帮我问他，好吗？
Nǐ bāng wǒ wèn tā, hǎo ma

124 你帮我问他怎么走，好吗？
Nǐ bāng wǒ wèn tā zěnme zǒu, hǎoma

125 你帮我问他有什么问题。
Nǐ bāng wǒ wèn tā yǒu shénme wèntí

121. 병원에 진찰하러 갑니다.

122. 시장 보러 시장에 갑니다.

123. 당신은 저를 도와 그에게 물어봐 줄 수 있습니까?

124. 당신은 저를 도와서 어떻게 가는지 물어봐 줄 수 있습니까?

125. 당신은 저를 도와 그에게 무슨 문제가 있는지 물어보세요.

DAY 9

126 请问一下，这里怎么走？
Qǐng wèn yíxià, zhèli zěnme zǒu

127 我一到中国，都听不懂。
Wǒ yí dào Zhōngguó, dōu tīngbudǒng

128 吃错了。
Chīcuòle

129 没吃完。
Méi chīwán

130 看好了。
Kànhǎole

126. 말씀 좀 물을게요. 여기 어떻게 갑니까?

127. 저는 중국에 도착하자마자 모두 알아듣지 못했습니다.

128. 잘못 먹었습니다.

129. 다 먹지 않았습니다.

130. 잘 봤습니다.

Step3 서바이벌 문장 180

131 好像坏了。
Hǎoxiàng huài le

132 好像有问题。
Hǎoxiàng yǒu wèntí

133 他好像听不懂。
Tā hǎoxiàng tīngbudǒng

134 多多练习。
Duōduō liànxí

135 好好儿练习。
Hǎohāor liànxí

---

131. 망가진 것 같습니다.
(쉰 것 같습니다. 썩은 것 같습니다.)

132. 문제가 있는 것 같습니다.

133. 그는 못 알아듣는 것 같습니다.

134. 많이 연습하세요.

135. 잘 (열심히) 연습하세요.

☐ 연습하다
练习
liànxí

DAY 9

Recheck! 중요 패턴

- **연동문** 去 장소 干什么   ~에 …하러 간다 / 帮 대상 做什么 ~를 도와 …한다

- 问他~ / 问我~ / 问你~   그에게 ~를 묻다/ 나에게 ~를 묻다 / 당신에게 ~를 묻다

- 一 + 동~   하자마자, ~ 하기만 하면

- 好像~   (마치) ~인 것 같다.

- 多多 + 동 , 好好儿 + 동   많이~ 하다(하세요), 잘(열심히)~ 하다(하세요)

 **Memo**

Step3   리딩 구문 체크하기

 병음 없이 다음 구문을 읽어봅시다.

我今天早上一起床，就肚子疼，还发烧。

☑ 일어나자마자 바로 ~

我去医院看病。医生问我"哪儿不舒服？"

☑ 어디가 불편하세요?

我说"肚子疼，拉肚子，还发烧"。

☑ 설사하고 그밖에 열이 나다

医生问我"你好像吃错了东西。昨天吃什么了？"

☑ 뭔가 잘못 먹은 것 같다

我回答说"海鲜汤面"。

☑ 대답하여 말하기를

DAY 9

他说"昨天吃的海鲜好像是坏的"。

    ☑ 썩은 것 같다

医生马上给我开药，给我打了一针。

    ☑ 나에게 주사를 한 대 놓았다

他跟我说"回家好好儿休息，多多喝水"。

    ☑ 잘 쉬세요

Step4 Word by Word

◎ 身体 shēntǐ 신체 (몸)

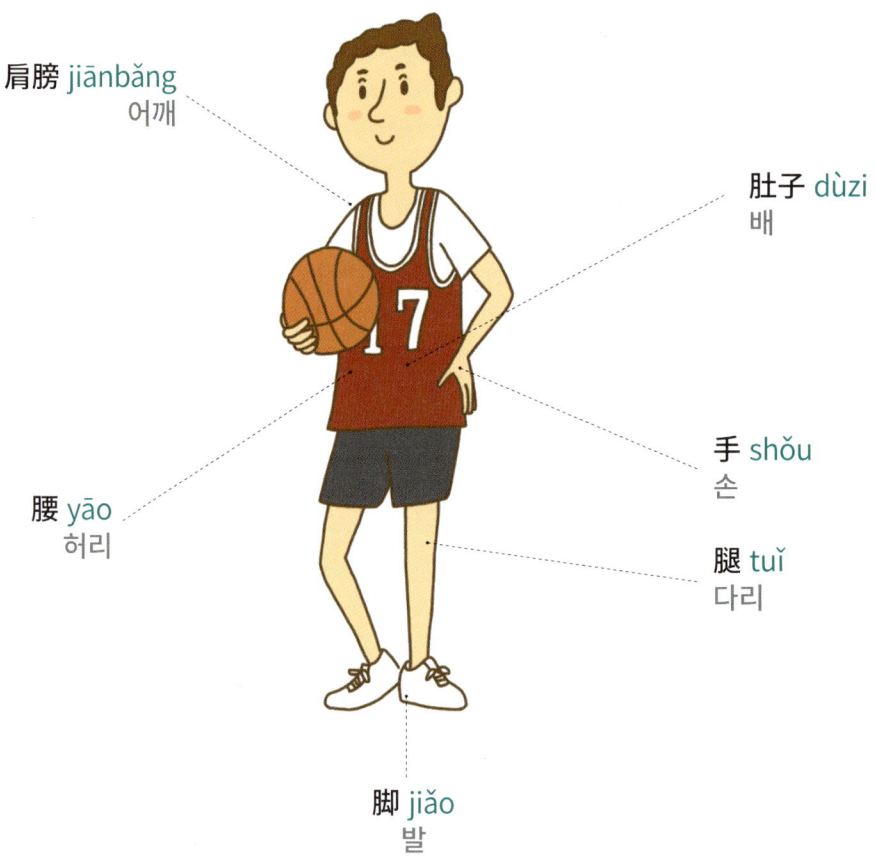

DAY 9

◎ 感冒 症状 gǎnmào zhèngzhuàng 감기 증상

感冒 gǎnmào
감기 걸리다

头疼 tóu téng
머리가 아프다

发烧 fā shāo
열나다

咳嗽 késou
기침하다

嗓子疼 sǎngzi téng
목구멍이 아프다

鼻子不通 bízi bùtōng
코가 막히다

◎ 医院 yīyuàn 병원

医生 yīshēng = 大夫 dàifu 의사	护士 hùshi 간호사	看病 kànbìng 진찰받다, 진찰하다
打针 dǎzhēn 주사 맞다(놓다)	开药 kāiyào 약을 처방하다	取药 qǔyào 약을 찾다(받다)

Step5 미션체크 연습문제

1. 다음을 천천히 읽어봅시다.

> 我今天早上一起床，就肚子疼，还发烧。
> 我去医院看病。医生问我"哪儿不舒服？" 我说"肚子疼，拉肚子，还发烧"。
> 医生问我"你好像吃错了东西。昨天吃什么了？" 我回答说"海鲜汤面"。
> 他说"昨天吃的海鲜好像是坏的"。医生马上给我开药，给我打了一针。
> 他跟我说"回家好好儿休息，多多喝水"。

2. 다음 해석을 보고 질문을 완성해 보세요.

① 그는 일어나자 마자 어떻게 느꼈습니까?
　　他一_____ 就觉得怎么样？

② 그는 병원에 무엇 하러 갔습니까?
　　他去医院_____？

③ 그의 어떤 증상이 있었습니까?
　　他_____症状（zhèngzhuàng 증상）？

④ 의사는 왜 병이 낫다고 추측하였습니까?
　　医生猜(cāi 추측하다)了他_____病了？

⑤ 그는 어제 무엇을 먹었습니까?
　　他昨天_____什么了？

⑥ 의사는 그에게 약 처방을 하며 뭐라고 하였습니까?
　　医生给他_____的时候，说什么？

DAY 9

3. 질문에 대답을 작성해봅시다.

① 他一_____就觉得_____。

② 他去医院_____。

③ 他说 _____, _____还_____。

④ 医生猜了他昨天_____。

⑤ 他昨天吃了_____。

⑥ 医生给他_____的时候说_____, _____。

4. 다음 단어를 구별하여 읽어보고 오른쪽 단어의 뜻을 써봅시다.

土 tǔ	흙, 촌스럽다	肚子 dùzi	_____
冬 dōng	겨울	疼 téng	_____
丙 bǐng	(갑을)병(정)	病 bìng	_____
汤 tāng	국	烫 tàng	_____
橡皮 xiàngpí	지우개	好像 hǎoxiàng	_____

5. 다음 같은 음절이 들어간 단어를 읽고 밑줄에 병음을 써봅시다.

衣服 옷 yī_____	舒服 편하다 shū_____	服务员 종업원, 종업원 부를 때 _____wùyuán
医院 병원 _____yuàn		医生 의사 _____shēng
打针 주사 맞다, 주사 놓다 _____zhēn	打包 포장하다 _____bāo	打开 열다, 켜다 _____kāi	打扫 청소하다 _____sǎo
发烧 열나다 _____shāo	发短信 메시지(문자) 보내다 _____duǎnxìn	洗头发 머리를 감다 xǐtóu_____

10

<왕초보편>에서 배웠던 有多+형용사구문 다시 외워볼까요?

有多大? yǒuduō dà
(크기가) 얼마나 됩니까?
(나이가) 얼마나 됩니까?

有多高? yǒuduō gāo
(키가) 얼마나 큽니까?
(높이가) 얼마나 높습니까?

有多长? yǒuduō cháng
(길이가) 얼마나 됩니까?

有多远? yǒuduō yuǎn
(거리가) 얼마나 멉니까?

有多重? yǒuduō zhòng
(무게가) 얼마나 됩니까?

有多宽? yǒuduō kuān
(너비가) 얼마나 됩니까?

有多可爱? yǒuduō kě'ài
얼마나 귀엽습니까?

有多快? yǒuduō kuài
얼마나 빠릅니까?

Review

Day10

第十课 网上买东西
인터넷에서 물건을 삽니다

Survival 초급탈출 주요 미션

Step by step 미션 수행

- **Step1** 새 단어 연습

- **Step2** 리딩 구문
  리딩 구문 연습
  리딩 구문 탐구 : 주요 패턴 & 주요 어법

- **Step3** 서바이벌 180
  서바이벌 15구문 연습
  리딩 구문 체크

- **Step4** Word by Word

Self 미션 체크

- **Step5** 미션체크 연습문제

Step1 새 단어 연습

새 단어

1. 上网 shàng wǎng
   (동+빈) 인터넷에 접속하다

2. 这样 zhèyàng
   (부) 이렇게, 이와 같다

3. 省时间 shěng shíjiān
   (동+빈) 시간을 아끼다

4. 有人 yǒu rén
   (대명사) 어떤 사람

5. 直接 zhíjiē
   (부) 바로, 직접적으로

6. (一)边~ (一)边…
   (yì)biān (yì)biān
   (상용어구) 한편으로 ~하고 한편으로 …하다

7. 热闹 rènao
   (형) 떠들썩하다, 벅적벅적하다

8. 尝尝 cháng chang
   (동) 맛보다

9. 网上 wǎngshàng
   (명+방위사) 인터넷에서

10. 不用 búyòng
    (동) ~할 필요 없다

11. 讨价 tǎo jià
    (동+빈) 팔 값을 부르다. 흥정하다

12. 有时候 yǒu shíhou
    (부) 어떤 때

13. 缺点 quēdiǎn
    (명) 결점

14. 看上去 kàn shàngqù
    (동+보) ~해 보이다

15. 送过来 sòng guòlái
    (동+보) 배달해오다

16. 亲眼 qīnyǎn
    (부) 제 눈으로, 직접

17. 质量 zhìliàng
    (명) 품질

18. 麻烦 máfan
    (형) 귀찮다, 번거롭다, 성가시다

DAY 10

⊘ 다음 단어들의 성조를 주의해서 읽어봅시다.   ▶ 4성 연습

4성	4성 + 4성	4성 + 4성	4성 + 4성 + 4성
差 chà 부족하다	这样 zhèyàng 이와 같다, 이렇게	质量 zhìliàng 품질	看上去 kànshàngqù ~해 보이다

⊘ 다음 3성으로 시작하는 성조 조합을 연습해봅시다.   ▶ 반3성 연습

3성 + 1성	3성 + 2성	3성 + 2성 + 1성	3성 + 4성	3성 + 4성
买单 mǎidān 계산하다	有人 yǒurén 어떤 사람 사람이 있다	省时间 shěng shíjiān 시간을 아끼다	讨价 tǎojià 팔 값을 부르다	网上 wǎngshàng 인터넷에서

⊘ 다음은 발음할 때 주의해야 합니다   ▶ 발음 주의

(1) 缺点 quēdiǎn 결점	quē의 ue는 üe(위에) 이다. "1성+3성"성조조합에도 주의해서 발음한다.
(2) 亲眼 qīnyǎn 직접, 제눈으로	yǎn은 ian은 "이옌"으로 읽는다. (이얀 X) "1성+3성" 성조조합에도 주의해서 발음한다.
(3) 一边 yìbiān 한편으로	이 역시 biān "비옌"으로 읽는다. "4성+1성"성조조합에도 주의해서 발음한다.

Step2 리딩 구문 | 리딩구문연습

MP3 10-2

第十课 网上买东西

最近很多人不去市场，用手机上网买东西。
Zuìjìn hěnduōrén búqù shìchǎng, yòng shǒujī shàng wǎng mǎi dōngxi

这样又可以省时间又很方便。
Zhèyàng yòu kěyǐ shěng shíjiān yòu hěn fāngbiàn

但是也有人喜欢直接去买东西，
Dànshì yě yǒu rén xǐhuān zhíjiē qù mǎi dōngxi

因为能一边看看热闹的市场，一边尝尝各种各样的好吃的。
Yīnwèi néng yìbiān kànkan rènǎode shìchǎng, yìbiān chángchang gèzhǒng gèyàng de hǎochīde

我喜欢在网上买东西。因为不用拿重的东西，也不用讨价。
Wǒ xǐhuān zài wǎngshàng mǎi dōngxi. Yīnwèi búyòng ná zhòng de dōngxi, yě búyòng tǎojià

但是有时候，网上买东西有缺点。
Dànshì yǒu shíhou, wǎngshàng mǎi dōngxi yǒu quēdiǎn

东西在网上看上去很不错，
Dōngxi zài wǎngshàng kànshàngqù hěn búcuò

但是送过来亲眼看，质量还很差。
Dànshì sòngguòlái qīnyǎn kàn, zhìliàng hái hěn chà

可以退是可以退，但是觉得有点儿麻烦。
Kěyǐ tuì shì kěyǐ tuì, dànshì juéde yǒudiǎnr máfan

DAY 10

다음 단어를 써보고 외워봅시다

- 上网　shàng wǎng　上网　인터넷 접속을 하다
- 省时间　shěng shíjiān　省时间　시간을 아끼다
- 直接　zhíjiē　直接　직접, 바로
- 尝尝　chángchang　尝尝　맛보다
- 讨价　tǎojià　讨价　값을 부르다
- 缺点　quēdiǎn　缺点　결점
- 看上去　kànshàngqù　看上去　~해 보이다
- 亲眼　qīnyǎn　亲眼　제 눈으로

해석

요즘 매우 많은 사람들은 시장에 가지 않고 핸드폰으로 인터넷에 접속하여 물건을 삽니다. 이러면 시간을 아낄 수도 있고 매우 편리합니다. 그러나 또 어떤 사람들은 직접 가서 물건을 사는 것을 좋아합니다. 왜냐면 시끌벅적한 시장도 볼 수 있고, 각종 각양의 맛있는 것도 맛볼 수 있기 때문입니다. 나는 인터넷에서 물건 사는 것을 좋아합니다. 무거운 물건을 들 필요도 없고 가격 흥정을 할 필요가 없기 때문입니다. 그러나 어떤 때는 인터넷에서 물건을 사는 것은 결점이 있습니다. 물건이 인터넷에서 매우 괜찮아 보이는데, 배달 와서 눈으로 직접 보면 품질이 역시 매우 떨어지는 경우가 있습니다. 환불할 수 있긴 하지만 조금 귀찮다고 생각합니다.

Step2 리딩 구문 | 리딩구문탐구

◆ 주요 패턴

1 不用 ~ (了)
búyòng   le

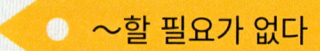 ~할 필요가 없다

① 不用拿走了。Búyòng názǒu le 가져갈 필요없습니다.

② 不用说了。Búyòng shuō le 말할 필요없습니다.

③ 不用提了。Búyòng tí le 거론할 필요없습니다.

2 (一)边 ~, (一)边 …
yì biān   yì biān

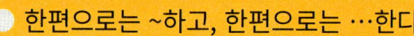 한편으로는 ~하고, 한편으로는 …한다

① 一边看电视，一边学习。Yìbiān kàndiànshì, yìbiān xuéxí
TV를 보면서 공부합니다.

② 一边吃饭，一边看书。Yìbiān chīfàn, yìbiān kànshū
밥을 먹으면서 책을 봅니다.

③ 边玩儿手机边学习。Biān wánr shǒujī biān xuéxí
핸드폰 갖고 놀면서 공부합니다.

DAY 10

3 有的 ~ , 有的 …
　　yǒude　　yǒude

> 어떤 것(사람)은 ~ , 어떤 것(사람)은 … 하다

① 有（的）人喜欢吃四川菜，有（的）人喜欢吃广东菜。
Yǒu(de)rén xǐhuān chī sìchuāncài, yǒu(de)rén xǐhuān chī guǎngdōngcài
어떤 사람은 사천요리를 좋아하고, 어떤 사람은 광동요리를 좋아합니다.

② 有的是我的，有的是他的。Yǒude shì wǒde, yǒude shì tāde
어떤 것은 내 것이고, 어떤 것은 그의 것입니다.

③ 有时候看书，有时候运动。Yǒushíhou kànshū, yǒushíhou yùndòng
어떤 때는 책을 보고, 어떤 때는 운동을 합니다.

4 ~是~

> ~이긴 ~하다

① 好是好。Hǎo shì hǎo 좋긴 좋습니다.

② 好吃是好吃。Hǎochī shì hǎochī 맛있긴 맛있습니다.

③ 喜欢是喜欢。Xǐhuān shì xǐhuān 좋아하긴 좋아합니다.

Step2 리딩 구문 | 리딩구문탐구

◆ **주요 어법**

1 送过来 / 看上去
sòngguòlái kànshàngqù

 방향보어

방향 보어(趋向补语)란 이전에 방향 동사로 배웠던 단어가 술어 뒤에 보어로서 쓰인 것을 말한다. 술어 뒤에 来, 去, 进, 出, 上, 下, 回, 过, 起 만 붙는 경우를 "단순 방향 보어"라 하고 합성된 방향 보충어가 붙는 경우는 "복합 방향 보어"라 한다.

때로는 "看上去"처럼 방향 보어가 독특한 뉘앙스를 갖기도 해서, 이런 형태는 한 단어처럼 외우고 문장과 함께 연습하도록 하자.

➲ 아래에 여러 가지 방향 동사를 다시 체크해보자.

단순방향보어	进 jìn	出 chū	上 shàng	下 xià	回 huí	过 guò	起 qǐ
来	进来 들어오다	出来 나오다	上来 올라오다	下来 내려오다	回来 돌아오다	过来 건너오다	起来 일어나다
去	进去 들어가다	出去 나가다	上去 올라가다	下去 내려가다	回去 돌아가다	过去 건너가다	

복합방향보어

DAY 10

⮕ 다음 방향보어 형태의 단어를 봅시다.

- 送过来 sòngguòlái   배달해주세요
  拿过来 náguòlái   가져다주세요
  搬过来 bānguòlái   운반해주세요

  → 过来 guòlái는 "먼 곳에서 가까이 건너오는 뜻"을 갖는다.

- 拿起来 náqǐlái   들어올리세요
  站起来 zhànqǐlái 일어나세요

  → 起来 qǐlái는 "아래서 위로 움직이는 뜻"을 갖는다.

- 看起来 kànqǐlái   보아하니
  做起来 zuòqǐlái   하기에
  听起来 tīngqǐlái 듣자 하니

  → 起来는 평가 "~하기에"의 뜻을 갖기도 한다. <참고: 제4과 P.77>

- 跑上去 pǎoshàngqù 뛰어 올라갑니다
  走上去 zǒushàngqù 걸어올라갑니다
  爬上去 páshàngqù   (등산) 올라갑니다, 기어올라갑니다.

  → 上去 shàngqù 는 "올라가다는 뜻"을 갖는다.

❖ **看上去** "~해 보이다" 라는 뜻으로 문장 맨 앞에 쓰이기도 하고 문장 중간에 쓰이기도 한다. (참고: P.199~P.200, 145번, 146번, 147번)

유사어: 看起来
看起来는 주로 문장 맨 앞에 놓이며 "보아하니, ~해 보이다"라는 뜻이다.

제10과 인터넷에서 물건을 삽니다

Step3 서바이벌 문장 180

136 是这样！
Shì zhèyàng

137 这样给我。
Zhèyàng gěi wǒ

138 就这样。
Jiù zhèyàng

139 (在)网上预订。
(Zài) wǎngshàng yùdìng

140 (在)网上学习汉语。
(Zài)wǎngshàng xuéxí hànyǔ

136. 그렇군요! (이렇군요) , 이렇게요! (그렇게요)

137. 이렇게 저에게 주세요.

138. 바로 이렇게요.

139. 인터넷에서 예약합니다.

140. 인터넷에서 중국어를 공부합니다.

DAY 10

141 边说边写。
Biān shuō biān xiě

142 一边听音乐一边锻炼身体。
Yìbiān tīng yīnyuè yìbiān duànliàn shēntǐ

143 不用来(了)。
Búyòng lái (le)

144 不用谢(了)。
Búyòng xiè (le)

145 他看上去太累了。
Tā kànshàngqù tài lèi le

---

141. 말하면서 씁니다.

142. 한편으로는 음악을 듣고 한편으로는 신체를 단련합니다.

143. 올 필요 없습니다.

144. 감사할 필요 없습니다.

145. 그는 너무 피곤해 보입니다.

□ 단련하다
锻炼
duànliàn

제10과 인터넷에서 물건을 삽니다

Step3 서바이벌 문장 180

146 你看上去有点儿忙。
Nǐ kànshàngqù yǒudiǎnr máng

147 她看上去特别年轻。
Tā kànshàngqù tèbié niánqīng

148 等一会儿送过来。
Děngyíhuìr sòngguòlái

149 有菜送过来。
Yǒu cài sòngguòlái

150 有快递送过来。
Yǒu kuàidì sòngguòlái

146. 당신은 조금 바빠 보입니다.
147. 그녀는 특히 젊어 보입니다.
148. 조금 있다가 배달 옵니다.
149. 배달 올 음식이 있습니다.
150. 배달 올 택배가 있습니다.

□ 젊다
年轻
niánqīng

□ 조금 있다가
等一会儿
děngyíhuìr

DAY 10

Recheck! 중요 패턴

- 这样   이렇게, 이와 같다
- 一边~ 一边…   ~하면서 …하다
- 不用 ~ (了)   ~할 필요 없다
- 看上去   ~해 보이다
- 送过来   배달해오다

 Memo

Step3 리딩 구문 체크하기

병음 없이 다음 구문을 읽어봅시다.

最近很多人不去市场，用手机上网买东西。

☑ 핸드폰으로 접속하다

这样又可以省时间又很方便。

☑ 시간을 아낄 수 있다

但是也有人喜欢直接去买东西，

☑ 직접 가서 물건을 사다

因为能一边看看热闹的市场，一边尝尝各种各样的好吃的。

☑ 한편으로 시끌벅적한 시장을 보다

我喜欢在网上买东西。因为不用拿重的东西，也不用讨价。

☑ 들 필요 없다 / 흥정할 필요 없다

DAY 10

但是有时候，网上买东西有缺点。
东西在网上看上去很不错，

☑ 매우 괜찮아 보인다

但是送过来亲眼看，质量还很差。

☑ 눈으로 직접 보니 품질이 역시 떨어진다

可以退是可以退，但是觉得有点儿麻烦。

☑ 무를 수 있긴 있다

Step4 Word by Word

◎ 물건 살 때 필요한 단어

价钱 jiàqián 가격	大小 dàxiǎo 크기	牌子 páizi 상표
颜色 yánsè 색깔	式样 shìyàng 스타일	质量 zhìliàng 품질
宽度 kuāndù 너비	长度 chángdù 길이	高度 gāodù 높이

◎ 의류

帽子 màozi
모자

裙子 qúnzi
치마

裤子 kùzi
바지

上衣 shàngyī
상의

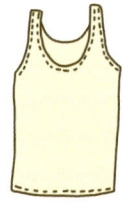
内衣 nèiyī
내의

袜子 wàzi
양말

鞋 xié
신발

DAY 10

◎ 물건 살 때 자주 쓰이는 단어

穿 chuān 입다	戴 dài 차다, 쓰다, 끼다	卖 mài 팔다
买 mǎi 사다	退 tuì 물르다	换 huàn 바꾸다
交 jiāo (돈을) 내다	(支) 付 (zhī)fù 지불하다	合适 héshì 적합하다

Step5 미션체크 연습문제

1. 다음을 천천히 읽어봅시다.

最近很多人不去市场，用手机上网买东西。这样又可以省时间又很方便。
但是也有人喜欢直接去买东西，因为能一边看看热闹的市场，一边尝尝各种各样的好吃的。
我喜欢在网上买东西。因为不用拿重的东西，也不用讨价。
但是有时候，网上买东西有缺点。东西在网上看上去很不错，但是送过来亲眼看，质量还很差。
可以退是可以退，但是觉得有点儿麻烦。

2. 다음 해석을 보고 질문을 완성해 보세요.

① 요즘 매우 많은 사람들은 시장에 안가고 어떻게 물건을 삽니까?
最近很多人不去市场，_____?

② 왜 인터넷에서 물건을 사는 것을 좋아할까요?
为什么喜欢_____?

③ 어떤 사람들은 왜 직접 시장에 가서 물건 사는 것을 좋아할까요?
有人为什么喜欢_____买东西？

④ 그는 왜 인터넷에서 물건 사는 것을 좋아할까요?
她为什么喜欢_____?

⑤ 인터넷에서 사는 것이 어떤 결점이 있을까요?
网上买东西有_____?

⑥ 인터넷에서 산 물건은 무를 수 있습니까?
网上买的东西_____?

3. 위 질문에 대답을 작성해봅시다.

① 用手机_____
② 这样又可以_____又_____。
③ _____能_____看看_____，一边
_____。
④ 因为不用_____，也不用_____。
⑤ 有时候东西在网上看上去很不错，但是
_____，_____。
⑥ _____，但是_____。

DAY 10

4. 다음 단어를 이용하여 一边~ 一边… "~하면서 …하다"를 붙여 만들어봅시다

- 想 / 说 _____

- 吃东西 / 做作业 _____

- 喝咖啡 / 聊天儿 _____

5. 다음 단어를 ~ 是 ~ "~ 하긴 ~ 하다" 형태로 만들어 보고 그 뜻을 써보세요.

- 好吃 / 好吃 _____ 해석: _____

- 可以吃 / 可以吃 _____ 해석: _____

- 想吃 / 想吃 _____ 해석: _____

6. 다음 같은 음절이 들어간 단어를 읽고 함께 외워보세요.

上网 shàng wǎng	亲眼 qīnyǎn	直接 zhíjiē
접속하다	제눈으로, 직접	직접, 바로
网上 wǎng shàng	眼睛 yǎnjing	接朋友 jiē péngyou
인터넷에서	눈	친구를 픽업하다
网球 wǎngqiú		
테니스		

11

<왕초보편>에서 배웠던 선택의문문 다시 외워볼까요?

大的还是小的?
dàde háishì xiǎode
큰거요 아니면 작은거요?

冰的还是热的?
bīngde háishì rède
아이스요 아니면 뜨거운 거요?

女的还是男的?
nǔde háishì nánde
여자요 아니면 남자요?

前边的还是后边的?
qiánbiānde háishì hòubiānde
앞쪽 것이요 아니면 뒤쪽것이요?

左边还是右边?
zuǒbiān háishì yòubiān
왼쪽이요 아니면 오른쪽이요?

红色的还是蓝色的?
hóngsède háishì lánsède
빨강 것이요 아니면 파란 것이요?

Review

Day 11

第十一课 不小心丢了手机
조심하지 못해서 핸드폰을 잃어버렸어요

Survival 초급탈출
주요 미션

Step by step 미션 수행

▶ Step1   새 단어 연습

▶ Step2   리딩 구문
         리딩 구문 연습
         리딩 구문 탐구 : 주요 패턴 & 주요 어법

▶ Step3   서바이벌 180
         서바이벌 15구문 연습
         리딩 구문 체크

▶ Step4   Word by Word

Self 미션 체크

▶ Step5   미션체크 연습문제

Step1 새 단어 연습

◆ 새 단어

MP3 11-1

1. **挤** jǐ
   (동) 꽉 차다, 붐비다

2. **拍照片** pāi zhàopiàn
   (동+빈) 사진을 찍다

3. **随便** suíbiàn
   (부) 마음대로, 함부로 (동) 마음대로 하다

4. **逛** guàng
   (동) 놀러 다니다, 한가롭게 거닐다

5. **故宫** gùgōng
   (명) 고궁

6. **刚~ 的时候** gāng~ de shíhou
   (부사구) 막 ~했을 때

7. **知道** zhīdao
   (동) 알다

8. **一次** yícì
   (동량사) 한 번

9. **小心** xiǎoxīn
   (동) 조심하다, 주의하다 (형) 조심스럽다

10. **丢** diū
    (동) 잃어버리다

11. **被** bèi
    (피동사) ~당하다, …에게 ~당하다

12. **偷** tōu
    (동) 훔치다, 도둑질하다

13. **放心** fàngxīn
    (동+빈) 마음을 놓다

14. **密码** mìmǎ
    (명) 비밀번호

15. **找** zhǎo
    (동) 찾다

16. **附近** fùjìn
    (명) 부근, 근처

17. **营业厅** yíngyètīng
    (명) 영업점

18. **挂失** guà shī
    (동+빈) 분실 신고하다

DAY 11

✓ [북경(北京)의 가볼 만한 장소]의 명칭을 읽어봅시다   ▶ 고유명사 읽기

- **故宫 Gùgōng** (고궁) - **紫禁城 Zǐjīnchéng** (자금성)

  명·청 시대의 궁전으로 "금지구역"이라는 뜻인 자금성(紫禁城)이라고 하기도 하고 중국에서는 주로 고궁이라고 불린다.

- **天安门 Tiān'ānmén** (천안문) - **天安门广场 Tiān'ānmén guǎngchǎng** (천안문 광장)

  마오쩌둥(毛泽东)의 대형 초상화가 걸린 천안문과 그 앞으로 펼쳐진 광장은 금수교(金水桥)라 불리는 다섯 개의 흰 대리석 다리로 연결되어 있다. 천안문 광장은 베이징 중앙부에 위치한 세계 최대 광장이다.

- **万里长城 Wànlǐchángchéng** (만리장성)

  춘추 전국 시대 이래 중국의 역대 왕조들이 북방의 침공을 막기 위해 세운 성벽으로 "창청(长城)"으로 줄여부르기도 한다. 장성은 실제로 약6,400킬로미터에 걸쳐 동서로 뻗어 있는 세계 최대 규모의 토목 공사 유적으로 유네스코 세계문화유산으로 등록되었다.

- **颐和园 Yíhéyuán** (이화원)

  중국 황실의 여름 별궁이자 최대 규모의 황실 정원이다. 자연 풍경을 그대로 이용한 정원에 쿤밍호(昆明湖)라 불리는 거대한 인공 호수와 인공 산, 환상적인 건축물로 역시 유네스코 세계문화유산으로 지정되어 있다.

- **798艺术区 Qījiǔbā yìshùqū** (798예술구)

  원래 국영의 무기공장이 밀집해 있던 곳인데 냉전 종식 후 비어있는 공장 지대에 저렴한 임대료로 가난한 예술가들이 모여들어 시작된 예술 지역이다. 예술가들은 공장을 갤러리로 사용하면서 공간 창작의 창의성을 보여주기도 하였다. 특히 외국인 예술가들이 이곳을 주목하며 대규모로 진출하게 되면서 베이징의 소호라고 불리는 문화의 랜드마크가 되었다.

Step2 리딩 구문 | 리딩구문연습

第十二课 不小心丢了手机

我跟朋友一起去北京旅游。
Wǒ gēn péngyou yìqǐ qù Běijīng lǚyóu

旅游的第一天，我们去了故宫，故宫里人特别多，太挤了。
Lǚyóu de dì yī tiān, wǒmen qù le Gùgōng, Gùgōngli rén tèbié duō, tài jǐ le

我和朋友拍了几张照片，随便逛逛故宫，很快就出来了。
Wǒ hé péngyou pāi le jǐ zhāng zhàopiàn, suíbiàn guàngguang gùgōng, hěnkuài jiù chūláile.

我刚要打电话的时候，才知道我包里没有手机了。
Wǒ gāng yào dǎ diànhuà de shíhou, cái zhīdao wǒ bāoli méiyǒu shǒujī le

我刚到故宫的时候，用过一次。
Wǒ gāngdào gùgōngde shíhou, yòngguo yícì

'不小心丢了还是被人偷了？'
Bù xiǎoxīn diūle háishì bèi rén tōu le?

放心的是打开手机需要密码，不能随便打开我的手机。
Fàngxīnde shì dǎkāi shǒujī xūyào mìmǎ, bùnéng suíbiàn dǎkāi wǒde shǒujī

我马上找附近的手机营业厅去挂失了。
Wǒ mǎshàng zhǎo fùjìn de shǒujī yíngyètīng qù guàshīle

DAY 11

 **다음 단어를 써보고 외워봅시다**

旅游	lǚyóu	旅游	여행하다
挤	jǐ	挤	붐비다
拍	pāi	拍	(사진을)찍다
随便	suíbiàn	随便	맘대로

不小心	bù xiǎoxīn	不小心	조심치 못하다
丢了	diūle	丢了	잃어버렸다
密码	mìmǎ	密码	비밀번호
挂	guà	挂	걸다,매달다

해석

저는 친구랑 같이 북경에 여행을 갔습니다. 여행하는 첫날, 우리는 고궁에 갔습니다. 고궁에는 사람이 특히 많고 너무 붐볐습니다. 저와 친구는 사진 몇 장을 좀 찍고, 대충 고궁을 둘러보고, 매우 빨리 나왔습니다. 내가 막 전화를 걸려고 할 때, 그제서야 내 가방에 핸드폰이 없어졌다는 것을 알았습니다. 제가 막 고궁에 도착했을 때 한 번 사용한 적 있었습니다. '실수로 잃어버린 것일까 아니면 누군가 훔쳐 간 것일까?' 안심되는 것은 핸드폰을 키려면 비밀번호가 필요해서 맘대로 내 핸드폰을 열 수는 없습니다. 저는 바로 근처의 핸드폰 영업점에 가서 분실신고를 했습니다.

Step2 리딩 구문 | 리딩구문탐구

◆ 주요 패턴

1 随便
suíbiàn
마음대로, 대충

① 随便看看！ Suíbiàn kànkan 마음대로 보세요!
② 随便走走！ Suíbiàn zǒuzou 마음대로 가세요!
③ 随便说说！ Suíbiàn shuōshuo 마음대로 말해요!

2 不小心~
bùxiǎoxīn
조심하지 못해, 실수로

① 不小心受伤了。Bùxiǎoxīn shòushāng le
조심하지 못해서 상처를 입었습니다.

② 不小心打碎了。Bùxiǎoxīn dǎ suì le
실수로 깨뜨렸습니다.

③ 不小心摔了。 Bùxiǎoxīn shuāi le
조심하지 못해 넘어졌습니다. (미끄러 떨어뜨렸다)

- 受伤 shòu shāng 상처를 입다
- 打碎 dǎ suì 깨뜨리다
- 摔 shuāi 넘어지다, 내동댕이 치다 떨어뜨리다

3 才知道
cái zhīdao
~ 해서야 알다

① 那时候，才知道 … Nà shíhou, cái zhīdao
그 때 되서야 알았습니다.

② 上车的时候，才知道 … Shàng chē de shíhou, cái zhīdao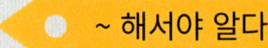
차에 오를 때 그제서야 알았습니다.

③ 回家才知道 … Huíjiā cái zhīdao
집에 가서야 알았습니다.

DAY 11

◆ 주요 어법

1 用过一次
yòngguo yícì 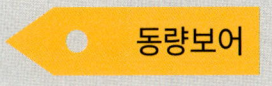 동량보어

동량·시량 보어란 동사나 형용사의 뒤에서 회수가(시간이) 얼마나 됨을 보충해주는 성분이다.
<참고: 제7과 주요어법 P.135>

- **동량사(动量词)**
  동량사는 동작의 횟수를 나타낸다. 대표적인 동량사는 次 cì (회, 번)이다.
  동량 보어의 경우는 어순이 《술어+동량사》이다.

  ① 吃过一次 chī guo yícì 한 번 먹은 적 있습니다.

  ② 听过一次 tīng guo yícì 한 번 들은 적 있습니다.

  ③ 来过一次 lái guo yícì 한 번 온 적 있습니다.

  ④ 去过一次 qù guo yícì 한 번 가본 적 있습니다.

2 被人偷了
bèi rén tōu le 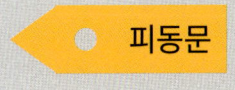 피동문

被는 "~에 의해 되다"라는 뜻이다. 영어에 수동태 문장을 중국어의 피동문이라 보면 된다. 被의 품사는 개사(=전치사)로 被구문은 어순상 부사어(状语) 자리에 놓인다. (다음 표를 보며 이해해보자)

Step2 리딩 구문 | 리딩구문탐구

중국어 기본 어순

주어	부사어 ◇	술어 ▲	보어 ▽	
我的手机	被人	拿	走了	내 핸드폰이 누군가에 의해 가져감을 당했다. → 누군가 핸드폰을 가져갔다.
杯子	被我	打	碎了	컵이 나에 의해 깨짐을 당했다. → 컵이 깨졌다. (나에 의해서)

① 被人拿走了。Bèi rén ná zǒu le
   누군가가 가져갔습니다.

② 被人打了。Bèi rén dǎ le
   누군가에게 맞았어요.

③ 被人坏了。Bèi rén huài le
   누군가 망가뜨렸습니다.

④ 蛋糕被人吃了。Dàngāo bèi rén chī le.
   케이크가 누군가에 의해 먹어버리게 되었습니다. → 누군가 케이크를 먹었습니다.

⑤ 我的钱包被小偷儿偷走了。Wǒde qiánbāo bèi xiǎotōur tōuzǒule
   나의 지갑은 도둑에 의해 훔쳐 가게 되었습니다. → 지갑을 도둑맞았어요.

DAY 11

Step3 서바이벌 문장 180

151 随便洗一下。
Suíbiàn xǐyíxià

152 随便放一下。
Suíbiàn fàngyíxià

153 很快就送过来了。
Hěn kuài jiù sòngguòlái le

154 很快就回家了。
Hěn kuài jiù huíjiā le

155 很快就到了。
Hěn kuài jiù dào le

---

151. 대충 씻으세요.

152. 맘대로 두세요.

153. 매우 빨리 배송되어 왔습니다.

154. 매우 빨리 집에 왔습니다.

155. 매우 빨리 도착했습니다.

DAY 11

156 你刚到的时候，有人打电话。
Nǐ gāng dào de shíhou, yǒurén dǎ diànhuà

157 我刚刚吃饭的时候，有人按铃。
Wǒ gānggāng chī fàn de shíhou, yǒurén ànlíng

158 刚到的时候，才知道没带手机。
Gāngdào de shíhou, cái zhīdao méidài shǒujī

159 吃过一次。
Chīguo yícì

160 看过几次。／ 看过几次？
Kànguo jǐcì / kànguo jǐcì?

---

156. 당신이 막 도착했을 때 누군가 전화했습니다.

157. 제가 막 밥을 먹을 때 누군가 벨을 눌렀습니다.

158. 막 도착했을 때 그제서야 핸드폰을 안 갖고 온 걸 알았습니다.

159. 한 번 먹은 적 있습니다.

160. 몇 번 본 적 있습니다. / 몇 번 본 적 있습니까?

□ 벨을 누르다
按铃
àn líng

Step3 서바이벌 문장 180

161 来过好几次。
Láiguo hǎo jǐ cì

162 不小心掉了。
Bùxiǎoxīn diào le

163 不小心摔了。
Bùxiǎoxīn shuāi le

164 被拿走了。
Bèi ná zǒu le

165 被人吃了。
bèi rén chī le

---

161. 여러 번 온 적 있습니다.

162. 실수로 떨어뜨렸습니다.

163. 실수로 넘어졌습니다. (떨어뜨렸습니다)

164. 가져갔습니다.

165. 누가 먹었습니다.

- 여러 번
  好几次
  hǎo jǐ cì

- 떨어뜨리다
  掉
  diào

- 자빠지다, 떨어뜨리다
  摔
  shuāi

DAY 11

Recheck! 중요 패턴

- 随便   마음대로, 대충 / 대충하다, 마음대로 하다
- 很快就~   매우 빨리 바로 ~
- 刚(刚)~ 的时候 …   막(방금) ~ 했을 때 …
- 才知道~   ~해서야 알다
- ⑧ 过 几次   몇 번 한 적 있다
- 不小心   조심치 않다, 실수로~
- 被~   ~에 의해 …당하다

✏️ **Memo**

Step3 리딩 구문 체크하기

 병음 없이 다음 구문을 읽어봅시다.

我跟朋友一起去北京旅游。

☑ 북경에 여행가다

旅游的第一天，我们去了故宫，故宫里人特别多，太挤了。

☑ 너무 붐비다

我和朋友拍了几张照片，随便逛逛故宫，很快就出来了。

☑ 대충 고궁을 둘러보다

我刚要打电话的时候，才知道我包里没有手机了。

☑ 막 전화걸려고 할 때

我刚到故宫的时候，用过一次。

☑ 한 번 이용한 적 있다

DAY 11

'不小心丢了还是被人偷了？'

☑ 실수로 잃어버렸다

放心的是打开手机需要密码，不能随便打开我的手机。

☑ 함부로 열수 없다

我马上找附近的手机营业厅去挂失了。

☑ 바로 분실 신고 했다

Step4 Word by Word

◎ 感情 gǎnqíng 감정

笑 xiào
웃다

哭 kū
울다

生气 shēngqì
화내다

满意 mǎnyì
만족하다

开心 kāixīn
신나다

放心 fàngxīn
마음을 놓다

◎ 中国的大城市 Zhōngguó de dàchéngshì 중국의 도시

北京 Běijīng 베이징	上海 Shànghǎi 상하이	广州 Guǎngzhōu 광저우
南京 Nánjīng 난징	西安 Xī'ān 시안	香港 Xiānggǎng 홍콩

DAY 11

◎ 旅游的时候 lǚyóu de shíhou 여행할 때

身份证 shēnfènzhèng 신분증	护照 hùzhào 여권	机票 jīpiào 비행기표
行李 xíngli 여행 짐	换钱 huàn qián 환전하다	酒店 jiǔdiàn 호텔

◎ 电话 diànhuà 전화 / 短信 duǎnxìn 메시지

打电话 dǎ diànhuà 전화를 걸다	接电话 jiē diànhuà 전화를 받다	挂电话 guà diànhuà 전화를 끊다
发短信 fā duǎnxīn 메시지를 보내다	收短信 shōu duǎnxìn 메시지를 받다	发邮件 fā yóujiàn 이메일을 보내다

Step5　미션체크 연습문제

1. 다음을 천천히 읽어봅시다.

我跟朋友一起去北京旅游。
旅游的第一天，我们去了故宫，故宫里人特别多，太挤了。
我和朋友拍了几张照片，随便逛逛故宫，很快就出来了。
我刚要打电话的时候，才知道我包里没有手机了。
我刚到故宫的时候，用过一次。'不小心丢了还是被人偷了？'
放心的是打开手机需要密码，不能随便打开我的手机。
我马上找附近的手机营业厅去挂失了。

2. 다음 해석을 보고 질문을 완성해 보세요.

① 북경을 여행한 첫 날 어디를 갔습니까?
　去北京旅游的＿＿＿＿＿＿去哪儿了？

② 고궁에 누구와 함께 간 것입니까?
　(是)＿＿＿＿＿＿去故宫的？

③ 고궁에서 긴 시간 있었습니까?
　在故宫逛了＿＿＿＿＿＿，对吗？

④ 그녀가 막 전화하려고 할 때 그제서야 어떤 것을 알게 되었습니까?
　她刚要打电话的时候，＿＿＿＿＿＿什么？

⑤ 그날 그녀는 핸드폰을 사용한 적 없었습니까?
　那天她＿＿＿＿＿＿手机吗？

⑥ 핸드폰이 없어진 것을 알았을 때, 어떻게 생각했습니까?
　知道丢了手机＿＿＿＿＿＿，就＿＿＿＿＿＿？

⑦ 맘대로 핸드폰을 열 수 있습니까? 핸드폰을 열려면 무엇이 필요합니까?
　能不能＿＿＿＿＿＿手机？打开手机＿＿＿＿＿＿什么？

⑧ 핸드폰이 없어진 것을 안 이후에 바로 어떻게 했습니까?
　知道丢了手机＿＿＿＿＿＿，就怎么做？

DAY 11

3. 위 질문에 대답을 작성해봅시다.

① 去北京旅游的第一天，_____。

② (是) _____去故宫的。

③ _____就_____。

④ 她刚要打电话的时候，才知道_____。

⑤ 那天她_____手机。

⑥ 知道丢了手机就想'_____,

⑦ _____手机。打开手机需要_____。

⑧ 知道丢了手机以后，马上_____。

4. 다음 단어를 구별해봅시다. 밑줄에 병음을 넣어봅시다.

去	丢	愉快 ____ kuài	偷 ____
做 ____	故 ____	随便 suí ____	更 ____
支付 zhī ____	附近 ____ jìn	故宫 gù ____	营业 ____ yè

5. 다음 단어의 조합(组词)을 봅시다.

12

<왕초보편>에서 배웠던 장소 단어 다시 외워볼까요?

Review

车站	chēzhàn	정류장
火车站	huǒchēzhàn	기차역
地铁站	dìtiězhàn	지하철역
加油站	jiāyóuzhàn	주유소
收费站	shōufèizhàn	톨게이트
机场	jīchǎng	공항
停车场	tíngchēchǎng	주차장
市场	shìchǎng	시장

广场	guǎngchǎng	광장
操场	cāochǎng	운동장
商店	shāngdiàn	상점
书店	shūdiàn	서점
面包店	miànbāodiàn	빵집
餐厅	cāntīng	식당
咖啡厅	kāfēitīng	커피숍

* 빨강색 - 추가된 단어

Day 12

第十二课 到韩国坐公交
한국에 도착하여 버스를 탔습니다

Survival 초급탈출 주요 미션

Step by step 미션 수행

▶ **Step1**   새 단어 연습

▶ **Step2**   리딩 구문
        리딩 구문 연습
        리딩 구문 탐구 : 주요 패턴 & 주요 어법

▶ **Step3**   서바이벌 180
        서바이벌 15구문 연습
        리딩 구문 체크

▶ **Step4**   Word by Word

Self 미션 체크

▶ **Step5**   미션체크 연습문제

Step1 새 단어 연습

새 단어

1. **放/假** fàng / jià
   (동+빈) 방학하다

2. **寒假** hánjià
   겨울방학, 겨울휴가

3. **打算** dǎsuàn
   명동 계획(하다), ~할 셈이다

4. **看到** kàndào
   (동+보) 보게 되다(봤다)

5. **利用** lìyòng
   명동 이용(하다)

6. **公交(车)** gōngjiāo (chē)
   명 버스

7. **排/队** pái / duì
   (동+빈) 줄을 서다

8. **坐～路** zuò ~ lù
   ~ 번(버스)를 타다

9. **乘坐** chéngzuò
   동 (탈 것)을 타다

10. **～个小时** ~ ge xiǎoshí
    (시량사) ~시간

11. **～分钟** ~ fēnzhōng
    (시량사) ~분

12. **推** tuī
    동 밀다

13. **行李** xíngli
    명 여행 짐

14. **重** zhòng
    형 무겁다

15. **辛苦** xīnkǔ
    형 힘들다, 수고하다

16. **忘** wàng
    동 까먹다, 잊다

17. **电梯** diàntī
    명 엘리베이터

DAY 12

◎ **다음 시량사를 반복하여 읽고 다시 외워봅시다.** ▶ 시량사 연습

多长时间 duōchángshíjiān 얼마 동안	一会儿 yíhuìr 잠시, 잠깐	几个小时 jǐ ge xiǎoshí 몇 시간	几分钟 jǐ fēnzhōng 몇 분
几天 jǐ tiān 몇 일	几个月 jǐ ge yuè 몇 개월	几个星期 jǐ ge xīngqī 몇 주	几年 jǐ nián 몇 년

◎ **시량사에 " 半 bàn ", " 一 yí 또는 yì ", " 两 liǎng "을 넣어 연습해봅시다.** ▶ 시량사 연습

半个小时 bàn ge xiǎoshí 30분	半天 bàn tiān 반나절	半个月 bàn ge yuè 반개월	半年 bàn nián 반년
一个小时 yí ge xiǎoshí 한 시간	一天 yì tiān 하루	一个月 yí ge yuè 1개월	一年 yì nián 1년
两个小时 liǎng ge xiǎoshí 두 시간	两天 liǎng tiān 이틀	两个月 liǎng ge yuè 2개월	两年 liǎng nián 2년

Step2 리딩 구문 | 리딩구문연습

第十二课 到韩国坐公交

我放寒假了。 坐飞机回韩国去。
Wǒ fàng hánjià le. Zuò fēijī huí Hánguó qù

到了韩国的机场就打算坐出租车回家。
Dào le Hánguó de jīchǎng jiù dǎsuàn zuò chūzūchē huíjiā

但是我看到了很多人都利用公交。
Dànshì wǒ kàndào le hěn duō rén dōu lìyòng gōngjiāo

我也跟着人们去车站排队。
Wǒ yě gēnzhe rénmen qù chēzhàn páiduì

我先买了车票。 我坐5100路公交回家。
Wǒ xiān mǎi le chēpiào. Wǒ zuò wǔ yāo líng líng lù gōngjiāo huíjiā

我坐了一个小时就下车了。
Wǒ zuòle yíge xiǎoshí jiù xià chē le

到家还要走10分钟。我推着行李走。
Dào jiā hái yào zǒu shí fēnzhōng. Wǒ tuīzhe xíngli zǒu

行李有点儿重，我觉得有点儿累，有点儿辛苦。
Xíngli yǒudiǎnr zhòng, wǒ juéde yǒudiǎnr lèi, yǒudiǎnr xīnkǔ

但是看到了妈妈，就觉得很高兴，高兴得累都忘了。
Dànshì kàndào le māma, jiù juéde hěn gāoxìng, gāoxìng de lèi dōu wàng le

我家在13楼。 妈妈帮我推行李，一起乘坐电梯上楼。
Wǒ jiā zài shísān lóu. Māma bāng wǒ tuī xíngli, yìqǐ chéngzuò diàntī shàng lóu

DAY 12

 **다음 단어를 써보고 외워봅시다**

寒假 hánjià	寒假	겨울방학
打算 dǎsuàn	打算	~할 계획이다
排队 páiduì	排队	줄을 서다
推着 tuīzhe	推着	밀고 있다

行李 xíngli	行李	여행 짐
辛苦 xīnkǔ	辛苦	수고하다
忘 wàng	忘	까먹다, 잊다
乘坐 chéngzuò	乘坐	탈 것을) 타다

해석

나는 겨울방학을 했습니다. 비행기를 타고 한국에 돌아갔습니다.
한국 공항에 도착해서 택시를 타고 집에 갈 계획이었습니다.
그러나 나는 매우 많은 사람들이 버스를 이용하는 것을 보게 되었습니다.
나도 사람들을 따라 버스정류장에 가서 줄을 섰습니다.
나는 먼저 차표를 샀습니다. 나는 5100번 버스를 타고 집으로 갔습니다.
한 시간 타고 가서 바로 차에서 내렸습니다.
집에 도착하려면 10분을 더 걸어야 했습니다. 나는 짐을 끌고 걸어갔습니다.
짐은 약간 무겁고 좀 피곤하고 좀 수고스럽다고 느꼈지만,
엄마를 보자 바로 매우 기뻤습니다. 피곤도 잊을 만큼 기뻤습니다.
우리 집은 13층입니다. 엄마는 나를 도와서 짐을 끌어주고, 함께 엘리베이터를 타고 올라갔습니다.

Step2 리딩 구문 | 리딩구문탐구

◆ 주요 패턴

1 到了~ 就 …
dàole~ jiù …

~에 도착해서 바로 … 하다

了~ 就 … → 동작·행위의 완료了 이 구문은 "동작이 끝나고 바로 …"의 의미가 있다.
<제5과 P.96>에서 유사한 패턴으로 (一 ~ 就 … ① ~ 하자마자 … 하다) 구문을 배운 적이 있다.

① 到了家就打电话。Dàole jiā jiù dǎ diànhuà
집에 도착해서 바로 전화하세요.

② 刚到了北京就有点儿紧张。Gāng dàole Běijīng jiù yǒudiǎnr jǐnzhāng
북경에 도착해서 약간 긴장했습니다.

③ 到了就发短信。Dàole jiù fā duǎnxìn
도착해서 바로 메세지하세요.

2 看到~
kàndào

1. ~ 보게 되다 (우연히)   2. 보았다 (목적달성)

① 看到了朋友很高兴。Kàndào le péngyou hěn gāoxìng
친구를 보게 되어 매우 기쁩니다.

② 你看到了我的手机吗？Nǐ kàndào le wǒ de shǒujī ma
당신은 제 핸드폰을 보았습니까?

3 打算~
dǎsuàn

~할 셈이다

① 我打算去北京学汉语。Wǒ dǎsuàn qù Běijīng xué hànyǔ
나는 북경에 중국어를 공부하러 갈 셈입니다.

② 我打算去上海旅游。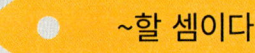 Wǒ dǎsuàn qù Shànghǎi lǚyóu
나는 상하이에 여행갈 계획입니다.

DAY 12

◆ 주요 어법

1 V1 着 V2
zhe

동태조사 –지속 "着"

<제3과 P.57>에서 동태조사 《了 / 着 / 过》를 배운 적있다.
(동사1)+着+(동사2)는 "(동사1)하면서 (동사2)하다"라는 뜻으로 (동사1)이 뒤에 따라 나오는 (동사2)의 방식·수단·완료를 나타낸다.

① 坐着吃饭。 zuò zhe chī fàn 앉아서 밥을 먹습니다.

② 推着行李走。 tuīzhe xíngli zǒu 짐을 밀고 갑니다.

③ 躺着休息。 tǎngzhe xiūxi 누워서 휴식합니다.

④ 走着去吧！ Zǒu zhe qù ba 걸어서 갑시다!

2 坐了一个小时 / 走十分钟

시량보어

<7과 P.135> 참고
시량보어란 동사나 형용사의 뒤에서 시간이 얼마나 됨을 보충해주는 성분이다.

• **시량사(时量词)**
7과 P.136 와 앞에 P.231에서 시량사를 연습해보았다. 다음 예문을 좀 더 연습해보자.

① 每天工作几个小时？ Měitiān gōngzuò jǐge xiǎoshí 매일 몇 시간 일합니까?

② 学了半年汉语。 Xué le bànnián hànyǔ 중국어를 반년 동안 공부했습니다.

③ 需要多长时间？ Xūyào duōchángshíjiān 얼마나 (시간이) 필요합니까?

④ 看了一个小时。 Kàn le yíge xiǎoshí 한 시간 동안 보았습니다.

⑤ 坐了半个小时。 Zuò le bànge xiǎoshí 30분 동안 탔습니다.

제12과 한국에 도착하여 버스를 탔습니다

Step2 리딩 구문 | 리딩구문탐구

3 高兴得累都忘了
gāoxìng de lèi dou wàng le

정도보어 & (连)~ 都…

<3과 P.58, 8과 P.155 정도 보어 참고>

• 高兴得 _____ 어느 정도로 기뻤습니다.

⇨ **(连 lián)~ 都 …** ~조차도 …

강조를 위한 개사구(전치사구)이다. 连 lián은 자주 생략되어 쓰인다.
都 dou 는 원래 1성이나 약하게 읽어준다.

① (连) 吃都忘了。(lián) chī dou wàng le
먹는 거 조차 잊었습니다.

② (连) 说什么都忘了。(lián) shuō shénme dou wàng le
뭐라고 해야할 지도 잊었습니다.

③ (连) 名字都不知道。(lián) míngzi dou bùzhīdào
이름 조차 모릅니다.

④ (连) 一个都没有。(lián) yíge dou méiyou
한 개 조차도 없습니다.

DAY 12

Step3 서바이벌 문장 180

166 放了假就打算去哪儿？
Fàngle jià jiù dǎsuàn qù nǎr

167 打算去美国。
Dǎsuàn qù Měiguó

168 寒假的时候，有什么打算？
Hánjià de shíhou yǒu shénme dǎsuàn

169 打算去旅游。
Dǎsuàn qù lǚyóu

170 到了就打电话。
Dàole jiù dǎ diànhuà

166. 방학하고 어디 갈 계획입니까?

167. 미국에 갈 계획입니다.

168. 겨울 방학 때, 무슨 계획이 있습니까?

169. 여행 갈 계획입니다.

170. 도착하면 전화하세요.

DAY 12

171 要多长时间?
Yào duōchángshíjiān

172 坐一个小时。
Zuò yíge xiǎoshí

173 等半个小时。
Děng bàn de xiǎoshí

174 累都忘了。
Lèi dōu wàng le

175 什么都忘了。
Shénme dōu wàng le

---

171. 얼마나 걸립니까?

172. 한 시간 탑니다.

173. 30분 기다립니다.

174. 피곤함도 잊었습니다.

175. 무엇도 다 까먹었습니다.

Step3 서바이벌 문장 180

176 坐着学习汉语。
Zuòzhe xuéxí hànyǔ

177 看着电视运动。
Kànzhe diànshì yùndòng

178 我的手机看到了吗？
Wǒ de shǒujī kàndào le ma

179 没看到吗？
Méi kàndào ma

180 看到了。在桌子上边儿。
Kàn dào le.　Zài zhuōzi shàngbianr

---

176. 앉아서 중국어를 공부합니다.

177. TV를 보면서 운동합니다.

178. 나의 핸드폰 봤습니까?

179. 못 봤습니까?

180. 봤습니다. 책상 위에 있습니다.

DAY 12

Recheck! 중요 패턴

●	打算	~ 할 셈이다, ~ 할 계획이다, 계획
●	了~ 就 …	~ 를 마치고 바로 …
●	시량보어	~ 시간 동안 하다
●	(连) ~都 …	~ 조차도 …
●	着	~하면서 …하다
●	看到了 / 没看到	(우연히) 보았다 / 보지 못했다

 Memo

Step3 리딩 구문 체크하기

 병음 없이 다음 구문을 읽어봅시다.

我放寒假了。坐飞机回韩国去。

☑ 겨울 방학했다

到了韩国的机场就打算坐出租车回家。

☑ 공항에 도착해서 바로 ~ 할 셈이다

但是我看到了很多人都利用公交。

☑ 매우 많은 사람을 보았다

我也跟着人们去车站排队。

☑ 사람들을 따라서 가다

我先买了车票。 我坐5100路公交回家。

☑ 5100번 버스를 타다

我坐了一个小时就下车了。

☑ 한 시간 동안 탔다

DAY 12

到家还要走10分钟。我推着行李走。

☑ 10분을 더 걸어야 한다

行李有点儿重，我觉得有点儿累，有点儿辛苦。

☑ 약간 무겁다 / 약간 피곤하다 / 약간 수고스럽다

但是看到了妈妈，就觉得很高兴，高兴得累都忘了。

☑ 기뻐서 피곤함마저 잊었다

我家在13楼。 妈妈帮我推行李，一起乘坐电梯上楼。

☑ 나를 도와 밀어 주다

Step4 Word by Word

◎ 휴가 관련

春假 chūnjià	暑假 shǔjià	寒假 hánjià
봄방학	여름방학	겨울방학
放假 fàngjià	请假 qǐngjià	过假 guòjià
방학하다	휴가 내다	휴가를 보내다

◎ 탈 것 관련 하여 꼭 알아두어야 할 단어

坐 zuò	站 zhàn	乘坐 chéngzuò	开往 kāiwǎng
앉다, 타다	역(정거장), 서다	승차하다	~ (방향으로) 운전하다
骑车 qíchē	打车 dǎchē	坐车 zuòchē	
자전거를 타다	택시를 타다	차를 타다	
上车 shàngchē	下车 xiàchē		
차에 오르다	차에서 내리다		

DAY 12

◎ 탈 것 관련

自行车
zìxíngchē
자전거

摩托车
mótuōchē
오토바이

出租车
chūzūchē
택시

专车
zhuānchē
자가용택시(모범)

快车
kuàichē
자가용택시(일반)

公交车
gōngjiāochē
버스

地铁
dìtiě
지하철

飞机
fēijī
비행기

火车
huǒchē
기차

Step5　미션체크 연습 문제

1. 다음을 천천히 읽어봅시다.

我放寒假了。 坐飞机回韩国去。 到了韩国的机场就打算坐出租车回家。
但是我看到了很多人都利用公交。我也跟着人们去车站排队。
我先买了车票。 我坐5100路公交回家。我坐了一个小时就下车了。
到家还要走10分钟。我推着行李走。
行李有点儿重，我觉得有点儿累，有点儿辛苦。
但是看到了妈妈，就觉得很高兴，高兴得累都忘了。
我家在13楼。 妈妈帮我推行李，一起乘坐电梯上楼。

2. 다음 해석을 보고 질문을 완성해 보세요.

① 그녀는 왜 한국에 간 것 입니까?
　　她＿＿＿＿＿＿＿＿＿＿回韩国的？

② 어떻게 한국에 간 것 입니까?
　　她＿＿＿＿＿＿去韩国的？

③ 한국 공항에 도착해서 무엇을 타고 집에 돌아갈 계획이 있었나요?
　　到韩国的机场以后，她＿＿＿＿坐什么＿＿＿＿＿＿？

④ 그러나 그녀는 왜 정거장에 가서 줄을 섰나요?
　　但是她＿＿＿＿＿＿去车站＿＿＿＿？

⑤ 그녀는 몇 번 버스를 타고 집으로 갔나요?
　　她＿＿＿多少路公交＿＿＿＿＿？

⑥ 버스를 몇 시간 타고 가서 내렸나요?
　　坐了＿＿＿＿＿＿＿就下车？

⑦ 하차한 이후에 그밖에 얼마나 걷나요?
　　下车以后还要＿＿＿＿＿＿＿＿＿＿？

⑧ 엄마를 보니 어떻게 느꼈나요?
　　＿＿＿＿＿＿妈妈就＿＿＿＿＿怎么样？

DAY 12

3. 질문에 대답을 작성해봅시다.

① 她放了_____，就回韩国的。

② _____去的。

③ 到韩国的机场以后，她_____坐_____。

④ 她看到了_____都利用_____。

⑤ 她坐_____回家。

⑥ 她坐了_____就下车。

⑦ 下车以后还要走_____。

⑧ 她觉得有点儿累，有点儿辛苦 但是_____妈妈
　　_____。

4. 다음 단어를 함께 외워봅시다.

推 tuī 밀다	拉 lā 당기다
上车 shàngchē 차에 오르다	下车 xiàchē 하차하다
上楼 shànglóu 계단을 오르다	下楼 xiàlóu 계단을 내려가다
高兴 gāoxìng / 开心 kāixīn 기쁘다	辛苦 xīnkǔ 수고스럽다 / 累 lèi 피곤하다

5. 아래 빨간 색의 단어들은 多音字 (다음자)입니다. 구별해서 읽어봅시다.

● 多音字 duōyīnzì : 읽는 음(读音)이 둘 이상 있는 글자

行 xíng háng	银行 yínháng 은행	行李 xíngli 짐	自行车 zìxíngchē 자전거
假 jià jiǎ	寒假 hánjià 겨울방학	假的 jiǎde 가짜	
还 hái huán	还要 háiyào 그밖에 원하다	还钱 huán qián 돈을 갚다	
要 yào yāo	还要 háiyào 그밖에 원하다	要求 yāoqiú 요구	

练习本
Work Book

워크북

听力	Listening 1 (듣고 빈칸 쓰기) Listening 2 (받아쓰기)
口语	Speaking (질문 듣고 대답하기)
写作	Writing 1 (단어 쓰기) Writing 2 (해석 보고 쓰기) +워크북 해답

第一课 他个子高高的

Listening 1 (듣고 빈칸 쓰기)　　　　练习听力1 （听后填空）

● MP3를 듣고 빈칸을 중국어로 채워봅시다.　　MP3 부록 1-1

白圆圆_____。

他是韩国人。

是_____。

他个子很高，有_____。

他_____、鼻子高高的

他有_____。

他有_____。

他的脸_____、_____。

他_____各种运动_____。

DAY 01

Listening 2 (받아쓰기)   练习听力2 （听写）

MP3 부록 1-2

● 다음 질문을 듣고 써봅시다. (중국어로 받아쓰기)

① _____
② _____
③ _____
④ _____
⑤ _____
⑥ _____
⑦ _____
⑧ _____
⑨ _____
⑩ _____

Speaking (질문 듣고 대답하기)   练习口语 (听后回答问题)

MP3 부록 1-3

● 다음 질문을 듣고 말해봅시다.

① _____
② _____
③ _____
④ _____
⑤ _____
⑥ _____
⑦ _____
⑧ _____
⑨ _____
⑩ _____

第一课 他个子高高的

Writing 1 (단어 쓰기)   练习写词

● 다음 의미를 보고 한자와 병음을 써보세요.

의미	한자	병음
☐ 학년		
☐ 머리카락		
☐ 피부		
☐ 얼굴		
☐ 뚱뚱하다		
☐ 운동하다		
☐ 흥미		

Writing 2 (해석 보고 쓰기)   练习写作

● 다음 해석을 보고 중작하세요.

① 중1입니다.

   →

② 윗 층에 가다.

   →

③ 어느 년도에 태어난 것입니까?

   →

④ 북방인은 키가 매우 큽니다.

   →

⑤ 사장님은 우리에게 매우 열정적입니다 (친절합니다).

   →

⑥ 그는 수영에 흥미가 있습니다.

   →

DAY 01

제1과 워크북 해답

Listening 1 (듣고 빈칸 쓰기)

白圆圆上初中一年级。他是韩国人。是2005年出生的。他个子很高，有1.68米（一米六八）。他眼睛大大的、鼻子高高的。他有黑色的头发。他有白色的皮肤。他的脸圆圆的、胖胖的。他对各种运动有兴趣。

Listening 2 (받아쓰기)

① 他贵姓？
② 叫什么名字？
③ 他是学生吗？
④ 小学生还是初中生？
⑤ 他是哪国人？
⑥ 他是哪年出生的？
⑦ 个子多高？
⑧ 长得怎么样？
⑨ 他对什么有兴趣？
⑩ 他头发是什么颜色的？

Speaking (질문 듣고 대답하기)

① 他姓白。
② 叫白圆圆。
③ 他是学生。
④ 是初中生。
⑤ 他是韩国人。
⑥ 他是2005年出生的。
⑦ 一米六八。
⑧ 眼睛大大的、鼻子高高的、黑色的头发，白色的皮肤、脸圆圆的，胖胖的。
⑨ 他对各种运动有兴趣。
⑩ 他头发是黑色的。

파란색 : 간단한 대답

Writing 1 (단어 쓰기)

✓ 年级　niánjí
✓ 头发　tóufa
✓ 皮肤　pífū
✓ 脸　　liǎn
✓ 胖　　pàng
✓ 运动　yùndòng
✓ 兴趣　xìngqu

Writing 2 (해석 보고 쓰기)

① 上初一。
② 去楼上。/ 到楼上去。
③ (是) 哪年出生的？
④ 北方人个子很高。（高高的）
⑤ 老板对我们很热情。
⑥ 他对游泳有兴趣。

第二课 沙发上放着娃娃

Listening 1 (듣고 빈칸 쓰기)　　　　　练习听力1 (听后填空)

● MP3를 듣고 빈칸을 중국어로 채워봅시다.　　MP3 부록 2-1

我房间里_____桌子、

_____和一张床。

_____台灯、本子、铅笔和橡皮。

我姐姐的房间里有一个衣柜、一张桌子、一把椅子和_____,

还有_____。

沙发上_____娃娃和毛毯。

我的房间_____又脏。

姐姐的房间_____又干净。

_____,就能闻到很香的味道。

DAY 02

Listening 2 (받아쓰기)   练习听力2 （听写）

● 다음 질문을 듣고 써봅시다. (중국어로 받아쓰기)   **MP3 부록 2-2**

① _____
② _____
③ _____
④ _____
⑤ _____
⑥ _____
⑦ _____

Speaking (질문 듣고 대답하기)   练习口语 (听后回答问题)

● 다음 질문을 듣고 말해봅시다.   **MP3 부록 2-3**

① _____
② _____
③ _____
④ _____
⑤ _____
⑥ _____
⑦ _____

第二课 沙发上放着娃娃

Writing 1 (단어 쓰기)　　　　　　　　　　　　　　　　练习写词

● 다음 의미를 보고 한자와 병음을 써보세요.

의미	한자	병음
□ 옷장		
□ 쌍		
□ 놓여져있다		
□ 지저분하다		
□ 가지런하다		
□ 들어가다		
□ (냄새, 향기를) 맡게 되다		

Writing 2 (해석 보고 쓰기)　　　　　　　　　　　　　　练习写作

● 다음 해석을 보고 중작하세요.

① 집에 사람 있습니까?

→

② 여기에 앉아계세요.

→

③ 책상 위에 제 핸드폰이 있습니까?

→

④ 매우 가지런합니다. (중첩)

→

⑤ 향긋하고 맛있습니다.

→

⑥ 도착했으면 전화해요.

→

DAY 02

제2과 워크북 해답

Listening 1 (듣고 빈칸 쓰기)

我房间里有一张桌子、一把椅子和一张床。桌子上有台灯、本子、铅笔和橡皮。我姐姐的房间里有一个衣柜、一张桌子、一把椅子和一张床，还有双人沙发。沙发上放着娃娃和毛毯。我的房间又乱又脏。
姐姐的房间又整齐又干净。进她的房间里去，就能闻到很香的味道。

Listening 2 (받아쓰기)

① 他的房间里有什么?
② 桌子上有什么?
③ 他姐姐的房间里有什么?
④ 姐姐房间里的沙发多（么）大?
⑤ 沙发上放着什么?
⑥ 他的房间怎么样?
⑦ 姐姐的房间怎么样?

Speaking (질문 듣고 대답하기)

① 他（的）房间里有一张桌子、一把椅子和一张床。桌子上有台灯、本子、铅笔和橡皮。
② 桌子上有台灯、本子、铅笔和橡皮。
③ 他姐姐（的）房间里有一个衣柜、一张桌子、一把椅子和一张床，还有双人沙发。沙发上放着娃娃和毛毯。
④ 两个人（=双人）能坐。
⑤ 沙发上放着娃娃和毛毯。
⑥ 他的房间又乱又脏。
⑦ 姐姐的房间又整齐又干净。

파란색 : 간단한 대답

Writing 1 (단어 쓰기)

✓ 衣柜　yīguì
✓ 双　　shuāng
✓ 放着　fàngzhe
✓ 乱　　luàn
✓ 整齐　zhěngqí
✓ 进去　jìnqu
✓ 闻到　wéndào

Writing 2 (해석 보고 쓰기)

① 家里有人吗？
② 这里坐着。
③ 桌子上有我的手机吗？
④ 整整齐齐的。
⑤ 又香又好吃。
⑥ 到了就打电话。

第三课 北京的天气怎么样

Listening 1 (듣고 빈칸 쓰기)   练习听力1 (听后填空)

● MP3를 듣고 빈칸을 중국어로 채워봅시다.

MP3 부록 3-1

我_____中国_____。

我_____学汉语。

_____北京的时候，我_____北京的天气_____。

北京的天气_____。

空气不太好，_____。常常_____。

风_____以后，天_____晴_____。

我现在_____上海来了。

上海的天气_____。

上海常常下雨。_____。

上海冬天_____。

DAY 03

Listening 2 (받아쓰기)   练习听力2 （听写）

MP3 부록 3-2

● 다음 질문을 듣고 써봅시다. (중국어로 받아쓰기)

① _____
② _____
③ _____
④ _____
⑤ _____
⑥ _____
⑦ _____

Speaking (질문 듣고 대답하기)   练习口语 (听后回答问题)

MP3 부록 3-3

● 다음 질문을 듣고 말해봅시다.

① _____
② _____
③ _____
④ _____
⑤ _____
⑥ _____
⑦ _____

第三课 北京的天气怎么样

Writing 1 (단어 쓰기)　　　　　　　　　　　　练习写词

● 다음 의미를 보고 한자와 병음을 써보세요.

의미	한자	병음
☐ 결정하다		
☐ 습관, 습관되다		
☐ 비가 내리다		
☐ 바람이 불다		
☐ 눈이 내리다		
☐ 변했다		
☐ 옮기다		

Writing 2 (해석 보고 쓰기)　　　　　　　　　　练习写作

● 다음 해석을 보고 중작하세요.

① 수업 끝난 후에 시간 있습니까?
　→

② 막(방금) 떠났습니다.
　→

③ 약간 어울리지 않습니다.
　→

④ 약간 배고파졌습니다.
　→

⑤ 말을 잘합니다.
　→

⑥ 위층까지 옮겨가세요.
　→

DAY 03

제3과 워크북 해답

Listening 1 (듣고 빈칸 쓰기)

我对中国很有兴趣。我决定了去北京学汉语。刚刚到北京的时候, 我对北京的天气不习惯。北京的天气很干燥。空气不太好, 下雨下得很少。常常刮大风。风过去以后, 天变晴了。我现在搬到上海来了。
上海的天气很潮湿。上海常常下雨。阴天很多。上海冬天下雪下得很少。

Listening 2 (받아쓰기)

① 她为什么决定了去北京？
② 刚刚到北京的时候, 她对什么不习惯？
③ 北京的天气怎么样？
④ 风过去以后, 天有什么变化？
⑤ 她现在在哪儿？
⑥ 上海的天气怎么样？
⑦ 上海冬天下雪吗？

Speaking (질문 듣고 대답하기)

① 因为（yīnwèi ~때문이다）她对中国有兴趣。
② 刚刚到北京的时候, 她对北京的天气不习惯。
③ 北京的天气很干燥。空气不太好, 下雨下得很少。常常刮大风。
④ 风过去以后, 天变晴了。
⑤ 现在在上海。
⑥ 上海的天气很潮湿。上海常常下雨。阴天很多。
⑦ 上海冬天下雪下得很少。

파란색 : 간단한 대답

Writing 1 (단어 쓰기)

✓ 决定　juédìng
✓ 习惯　xíguàn
✓ 下雨　xiàyǔ
✓ 刮风　guāfēng
✓ 下雪　xiàxuě
✓ 变了　biànle
✓ 搬　　bān

Writing 2 (해석 보고 쓰기)

① 下课以后有时间吗？
② 刚（刚）走了。
③ 有点儿不合适。
④ 有点儿饿了。
⑤ 说得很好。
⑥ 搬到楼上(去)吧！

第四课 面条比米饭更好吃

Listening 1 (듣고 빈칸 쓰기) 练习听力1 (听后填空)

MP3 부록 4-1

- MP3를 듣고 빈칸을 중국어로 채워봅시다.

我_____吃面条。

我爸爸也很喜欢_____。

我喜欢吃_____，爸爸喜欢吃_____。

我特别喜欢_____的。

我觉得_____不好吃。

我喜欢_____，爸爸喜欢_____。

爸爸说，_____太宽了，

_____，

但是我觉得宽的_____细的_____。

DAY 04

Listening 2 (받아쓰기)   练习听力2 （听写）

MP3 부록 4-2

- 다음 질문을 듣고 써봅시다. (중국어로 받아쓰기)

① _____
② _____
③ _____
④ _____
⑤ _____
⑥ _____

Speaking (질문 듣고 대답하기)   练习口语 (听后回答问题)

MP3 부록 4-3

- 다음 질문을 듣고 말해봅시다.

① _____
② _____
③ _____
④ _____
⑤ _____
⑥ _____

第四课 面条比米饭更好吃

Writing 1 (단어 쓰기)　　　　练习写词

● 다음 의미를 보고 한자와 병음을 써보세요.

의미	한자	병음
□ 특히		
□ 해물탕		
□ 담백하다		
□ 넓다		
□ 가늘다		
□ 먹기에		
□ 훨씬		

Writing 2 (해석 보고 쓰기)　　　　练习写作

● 다음 해석을 보고 중작하세요.

① 당신 것 보다 훨씬 쌉니다.

　　→

② 냄새 맡기에 매우 향긋합니다.

　　→

③ 하기에 특히 어렵습니다.

　　→

④ 보기에 매우 젊습니다.

　　→

⑤ 그는 편치 않음을 느꼈습니다.

　　→

⑥ 저는 조금 창피하다고 느꼈습니다.

　　→

DAY 04

제4과 워크북 해답

Listening 1 (듣고 빈칸 쓰기)

我特别喜欢吃面条。我爸爸也很喜欢吃面条。
我喜欢吃海鲜汤面，爸爸喜欢吃牛肉面。
我特别喜欢麻辣味道的。我觉得清淡的不好吃。我喜欢宽面，爸爸喜欢细面。
爸爸说，宽面太宽了，吃起来不方便，但是我觉得宽的比细的更好吃。

Listening 2 (받아쓰기)

① 他爸爸喜欢吃面条还是吃米饭？
② 他喜欢吃海鲜汤面还是牛肉面？
③ 他喜欢麻辣（味道）的还是清淡的？
④ 他爸爸喜欢宽面还是细面？
⑤ 爸爸为什么喜欢吃细面？
⑥ 他觉得哪个面条更好吃？

Speaking (질문 듣고 대답하기)

① 他爸爸喜欢吃面条。
② 他喜欢吃海鲜汤面。
③ 他喜欢麻辣味道的。
④ 他爸爸喜欢细面。
⑤ 爸爸说，宽面太宽了，吃起来不方便。
　（细面吃起来很方便。）
⑥ 他觉得宽的比细的更好吃。

파란색 : 간단한 대답

Writing 1 (단어 쓰기)

✓ 特别　　tèbié
✓ 海鲜汤　hǎixiāntāng
✓ 清淡　　qīngdàn
✓ 宽　　　kuān
✓ 细　　　xì
✓ 吃起来　chīqǐlái
✓ 更　　　gèng

Writing 2 (해석 보고 쓰기)

① 比你的更便宜。
② 闻起来，很香。
③ 做起来，特别难。
④ 看起来，很年轻。
⑤ 他觉得不舒服。
⑥ 我觉得有点儿不好意思。

第五课 我自己想做菜

Listening 1 (듣고 빈칸 쓰기)　　　　　　练习听力1 (听后填空)

MP3 부록 5-1

● MP3를 듣고 빈칸을 중국어로 채워봅시다.

早上_____，我的肚子就饿了。

我_____看看，

有土司、火腿，芝士，生菜，_____。

_____喝的？

橙汁、牛奶、_____和冰咖啡。_____三明治。

_____一张土司。

_____放火腿。_____放生菜、西红柿。

_____放芝士。

我喜欢_____。　我还要果酱。_____土司。

我自己做的火腿芝士三明治，我觉得_____。

DAY 05

Listening 2 (받아쓰기)   练习听力2 （听写）

MP3 부록 5-2

● 다음 질문을 듣고 써봅시다. (중국어로 받아쓰기)

① _____
② _____
③ _____
④ _____
⑤ _____
⑥ _____
⑦ _____
⑧ _____

Speaking (질문 듣고 대답하기)   练习口语 (听后回答问题)

MP3 부록 5-3

● 다음 질문을 듣고 말해봅시다.

① _____
② _____
③ _____
④ _____
⑤ _____
⑥ _____
⑦ _____
⑧ _____

第五课 我自己想做菜

Writing 1 (단어 쓰기) 练习写词

● 다음 의미를 보고 한자와 병음을 써보세요.

의미	한자	병음
☐ 배고파졌다		
☐ 열다, 켜다		
☐ 그리고		
☐ 직접, 스스로		
☐ 첫 층		
☐ 마지막에		
☐ 덮다		
☐ 단맛		

Writing 2 (해석 보고 쓰기) 练习写作

● 다음 해석을 보고 중작하세요.

① 일어나자 마자 운동을 합니다.
　→
② 보자마자 반했습니다.
　→
③ 저는 처음 왔습니다.
　→
④ 배달할 필요 없습니다. 제가 직접 들게요.
　→
⑤ 그밖에 다른 것 원해요?
　→
⑥ 커피는 먼저 올려주세요.
　→

DAY 05

> 제5과 워크북 해답

Listening 1 (듣고 빈칸 쓰기)

早上一起床，我的肚子就饿了。我打开冰箱看看，有土司、火腿，芝士，生菜，还有西红柿。
冰箱里有什么喝的？橙汁、牛奶、雪碧和冰咖啡。我自己想做三明治。
先放一张土司。第一层放火腿。第二层放生菜、西红柿。第三层放芝士。
我喜欢甜味儿。我还要果酱。最后盖上土司。
我自己做的火腿芝士三明治，我觉得特别好吃。

Listening 2 (받아쓰기)

① 她早上一起床，为什么打开冰箱?
② 冰箱里有什么喝的?
③ 她想做什么?
④ 先放土司，第一层放什么？
⑤ 第二层放什么？
⑥ 第三层放什么？
⑦ 她喜欢甜味儿，就要什么？
⑧ 她自己做的三明治觉得怎么样？

Speaking (질문 듣고 대답하기)

① 因为肚子饿了。
② 橙汁、牛奶、雪碧和冰咖啡。
③ 想做三明治。
④ 第一层放火腿。
⑤ 第二层放生菜、西红柿。
⑥ 第三层放芝士。
⑦ 她还要果酱。
⑧ 觉得特别好吃。

파란색 : 간단한 대답

Writing 1 (단어 쓰기)

√ 饿了　è le
√ 打开　dǎkāi
√ 还有　háiyǒu
√ 自己　zìjǐ
√ 第一层　dìyīcéng
√ 最后　zuìhòu
√ 盖上　gàishang
√ 甜味儿　tiánwèir

Writing 2 (해석 보고 쓰기)

① 一起床就运动。
② 一看就看上了。
③ 我是第一次来的。
④ 不用送了，我自己拿。
⑤ 还要别的吗？
⑥ 咖啡先上吧！

第六课 很多人不带现金

Listening 1 (듣고 빈칸 쓰기)   练习听力1 (听后填空)

MP3 부록 6-1

- MP3를 듣고 빈칸을 중국어로 채워봅시다.

_____自己的货币

韩国的叫_____，日本的叫_____，
美国的叫_____，中国的叫_____。

人民币有一百元的、五十元的、十元的、五元的、一元的，还有五角的、一角的。

人们_____100块（钱），_____100元；
说5毛，_____5角。

一元的和五角的都有_____币和_____币。

_____来，中国人的_____方式有很大的_____。

很多人_____现金，只带手机。

_____交钱_____，都_____手机_____。
用支付宝，_____用微信支付。

在停车场、商店、咖啡厅、超市、面包店、餐厅、交电费•车费、
充卡等等都_____。

DAY 06

Listening 2 (받아쓰기)   练习听力2 （听写）

MP3 부록 6-2

● 다음 질문을 듣고 써봅시다. (중국어로 받아쓰기)

① _____
② _____
③ _____
④ _____
⑤ _____
⑥ _____
⑦ _____

Speaking (질문 듣고 대답하기)   练习口语 (听后回答问题)

MP3 부록 6-3

● 다음 질문을 듣고 말해봅시다.

① _____
② _____
③ _____
④ _____
⑤ _____
⑥ _____
⑦ _____

第六课 很多人不带现金

Writing 1 (단어 쓰기)　　　　　　　　　练习写词

● 다음 의미를 보고 한자와 병음을 써보세요.

의미	한자	병음
☐ 화폐		
☐ 일반적으로		
☐ 딱딱하다		
☐ 소비하다		
☐ 현금을 휴대하다		
☐ 필요하다		
☐ 돈을 내다		
☐ 지불하다		
☐ 혹은		

Writing 2 (해석 보고 쓰기)　　　　　　练习写作

● 다음 해석을 보고 중작하세요.

① 사람마다 모두 자신의 취미를 갖고 있습니다.
　→
② 핸드폰을 가져오지 않았습니다.
　→
③ 돈을 낼 필요 없습니다.
　→
④ 핸드폰으로 결제합니다(지불합니다).
　→
⑤ 여기를 스캔하세요.
　→
⑥ 제 것을 스캔합니까 아니면 당신 것을 스캔합니까?
　→

DAY 06

제6과 워크북 해답

Listening 1 (듣고 빈칸 쓰기)
每个国家都有自己的货币，韩国的叫韩币，日本的叫日元，美国的叫美元，中国的叫人民币。人民币有一百元的、五十元的、十元的、五元的、一元的，还有五角的、一角的。人们一般都说"100块（钱）"，很少说"100元"；说"5毛"，很少说"5角"。一元的和五角的都有纸币和硬币。近几年来，中国人的消费方式有很大的变化。很多人不带现金，只带手机。需要交钱的时候，都用手机支付。用支付宝，或者用微信支付。在停车场、商店、咖啡厅、超市、面包店、餐厅、交电费•车费、充卡等等都扫码支付。

Listening 2 (받아쓰기)
① 韩国的货币用中文叫什么？
② 中国的货币叫什么？
③ 人民币100元一般说什么？
④ 人民币5角一般说什么？
⑤ 近几年来，中国消费方式有没有变化？
⑥ 最近在中国带现金的多不多？
⑦ 那一般怎么支付？

Speaking (질문 듣고 대답하기)
① 韩国的货币叫韩币。
② 中国的货币叫人民币。
③ 一般都说"100块（钱）"，
④ 说"5毛"。
⑤ 中国人的消费方式有很大的变化。
⑥ 最近在中国带现金的不多。
⑦ 需要交钱的时候，都用手机支付。用支付宝，或者用微信支付。

파란색 : 간단한 대답

Writing 1 (단어 쓰기)
✓ 货币　huòbì
✓ 一般　yìbān
✓ 硬　　yìng
✓ 消费　xiāofèi
✓ 带现金 dàixiànjīn
✓ 需要　xūyào
✓ 交钱　jiāoqián
✓ 支付　zhīfù
✓ 或者　huòzhě

Writing 2 (해석 보고 쓰기)
① 每个人都有自己的爱好。
② 没带手机。
③ 不需要交钱。（不用交钱도 됩니다）
④ 用手机支付。
⑤ 扫这里。
⑥ 扫我的还是扫你的？

第七课 中国火锅好吃极了

Listening 1 (듣고 빈칸 쓰기) 练习听力1 (听后填空)

● MP3를 듣고 빈칸을 중국어로 채워봅시다.

我_____吃火锅。

我跟丈夫一起去餐厅吃火锅，没有_____，

餐厅里客人很多，_____，我们_____沙发上等了_____。

服务员为客人_____饼干、水果和菊花茶。

差不多等了_____ _____餐厅里去。

我点了麻辣汤，_____点了_____的蔬菜，猪肉、牛肉、海鲜、宽粉。

我觉得味道有点儿_____。所以我_____酸甜的_____。

我丈夫要_____雪碧，_____冰块儿和柠檬。

我叫服务员____了____汤，我丈夫____了____汤

中国火锅_____，我们都_____。

我们吃完了就_____了。

DAY 07

Listening 2 (받아쓰기) 练习听力2 （听写）

MP3 부록 7-2

- 다음 질문을 듣고 써봅시다. (중국어로 받아쓰기)

① _____
② _____
③ _____
④ _____
⑤ _____
⑥ _____

Speaking (질문 듣고 대답하기) 练习口语 (听后回答问题)

MP3 부록 7-3

- 다음 질문을 듣고 말해봅시다.

① _____
② _____
③ _____
④ _____
⑤ _____
⑥ _____

워크북 제7과

第七课 中国火锅好吃极了

Writing 1 (단어 쓰기) 练习写词

● 다음 의미를 보고 한자와 병음을 써보세요.

의미	한자	병음
□ 샤부샤부		
□ 미리		
□ 예약(하다)		
□ 무료(다)		
□ (중국의) 넓은 당면		
□ 극히, 몹시		
□ 배부르다		
□ 걸을 수 없다		

Writing 2 (해석 보고 쓰기) 练习写作

● 다음 해석을 보고 중작하세요.

① 여기에 담아주세요. 감사합니다.
   →
② 거의 2시 되서야 시작합니다.
   →
③ 냄새가 좀 강합니다.
   →
④ 반나절 동안 비가 내렸습니다.
   →
⑤ 얼음 추가해주세요.
   →
⑥ 숙제를 다했습니다.
   →

DAY 07

제7과 워크북 해답

Listening 1 (듣고 빈칸 쓰기)

我特别喜欢吃火锅。我跟丈夫一起去餐厅吃火锅，没有提前预订，餐厅里客人很多，需要等，我们坐在沙发上等了一会儿。
服务员为客人免费送饼干、水果和菊花茶。差不多等了半个小时，才能进餐厅里去。
我点了麻辣汤，还点了各种各样的蔬菜，猪肉、牛肉、海鲜、宽粉。
我觉得味道有点儿重。所以我又要了酸甜的柠檬汽水。我丈夫要一听雪碧，加冰块儿和柠檬。
我叫服务员加了两次汤，我丈夫加了四次汤。中国火锅好吃极了，我们都吃饱了。
我们吃完了就走不动了。

Listening 2 (받아쓰기)

① 她有没有提前预定？
② 餐厅里客人多不多？
③ 他们等了还是去别的餐厅了？
④ 他们等了多长时间？
⑤ 他们点了什么？
⑥ 他们吃得多吗？（吃多了吗）

Speaking (질문 듣고 대답하기)

① 没有提前预定。
② 餐厅里客人很多。
③ 坐在沙发上等了一会儿。
④ 差不多等了半个小时。
⑤ 点了麻辣汤，还点了各种各样的蔬菜，猪肉、牛肉、海鲜、宽粉。
⑥ 吃得很多。（吃多了）☞ 많이 먹었습니다.
　吃得走不动了。☞ 걸을 수 없을 정도로 먹었습니다.

파란색 : 간단한 대답

Writing 1 (단어 쓰기)

✓ 火锅　　huǒguō
✓ 提前　　tíqián
✓ 预定　　yùdìng
✓ 免费　　miǎnfèi
✓ 宽粉　　kuānfěn
✓ 极了　　jíle
✓ 饱了　　bǎole
✓ 走不动　zǒubudòng

Writing 2 (해석 보고 쓰기)

① 装在这里。谢谢。
② 差不多（=大概）两点才开始
③ 味道有点儿重。
④ 下了半天雨。
⑤ 加冰块儿。
⑥ 做完了作业。

第八课 跟着导航

Listening 1 (듣고 빈 칸 쓰기)   练习听力1 (听后填空)

MP3 부록 8-1

● MP3를 듣고 빈칸을 중국어로 채워봅시다.

上海的秋天_____，_____，
天气_____。

_____很短。我应该好好儿享受。

我_____外滩。那里有很多又好看又好吃的餐厅。

我下车走一走，_____照片。

我应该去星巴克外滩店_____。
_____。

我下载了_____APP。

我_____，她说_____，
我就_____。

她说_____就_____。说一直走就一直走，说过马路就过马路。

我听汉语听得_____，但是导航说的_____。

_____她的发音、声调_____，
所以_____，很清楚。

DAY 08

Listening 2 (받아쓰기)   练习听力2 （听写）

● 다음 질문을 듣고 써봅시다. (중국어로 받아쓰기하기)   MP3 부록 8-2

① _____
② _____
③ _____
④ _____
⑤ _____
⑥ _____
⑦ _____
⑧ _____

Speaking (질문 듣고 대답하기)   练习口语 (听后回答问题)

● 다음 질문을 듣고 말해봅시다.   MP3 부록 8-3

① _____
② _____
③ _____
④ _____
⑤ _____
⑥ _____
⑦ _____
⑧ _____

第八课 跟着导航

Writing 1 (단어 쓰기)   练习写词

● 다음 의미를 보고 한자와 병음을 써보세요.

의미	한자	병음
☐ ~ 해야 한다		
☐ 즐기다		
☐ 사진 찍다		
☐ 내비게이션		
☐ 오른쪽으로 돌다		
☐ 왼쪽으로 돌다		
☐ 길을 건너다		
☐ 표준적이다		
☐ 선명하다, 분명하다		

Writing 2 (해석 보고 쓰기)   练习写作

● 다음 해석을 보고 중작하세요.

① 아저씨, 앞에서 세워주세요.
  →
② 네비게이션 대로 가주세요.
  →
③ 날씨가 춥지도 덥지도 않습니다.
  →
④ 나는 엄마와 산책을 좀 하였습니다.
  →
⑤ 너무 멀어요. 저는 못 걷겠어요.
  →
⑥ 다시 한 번 말씀해주세요.
  →

DAY 08

제8과 워크북 해답

Listening 1 (듣고 빈칸 쓰기)

上海的秋天不冷不热，天高了，天气凉快了。这么好的秋天很短。我应该好好儿享受。我打车去外滩。那里有很多又好看又好吃的餐厅。
我下车走一走，拍一拍照片。我应该去星巴克外滩店见朋友。不知道怎么走。
我下载了导航APP。我跟着导航，她说右拐，我就右拐。她说左转就左转。
说一直走就一直走，说过马路就过马路。我听汉语听得还很差，但是导航说的大概都听得懂。因为她的发音、声调很标准，所以听起来，很清楚。

Listening 2 (받아쓰기)

① 上海的秋天怎么样？
② 这么好的秋天长不长？
③ 因为秋天很短，她应该怎么样？
④ 她怎么去外滩？
⑤ 她的汉语怎么样？
⑥ 她跟着什么找路？
⑦ 她听得懂导航说的话吗？
⑧ 她怎么听得懂导航说的（话）？

Speaking (질문 듣고 대답하기)

① 上海的秋天不冷不热，天气凉快了。
② 这么好的秋天很短。（= 不长）
③ 应该好好儿享受。
④ 打车去外滩。
⑤ 听汉语听得还很差。
⑥ 跟着导航。
⑦ 导航说的大概都听得懂。
⑧ 因为她的发音、声调很标准，所以听起来，很清楚就能听的懂。

파란색 : 간단한 대답

Writing 1 (단어 쓰기)

✓ 应该　　yīnggāi
✓ 享受　　xiǎngshòu
✓ 拍照片　pāizhàopiàn
✓ 导航　　dǎoháng
✓ 右拐　　yòuguǎi
✓ 左拐　　zuǒguǎi
✓ 过马路　guòmǎlù
✓ 标准　　biāozhǔn
✓ 清楚　　qīngchu

Writing 2 (해석 보고 쓰기)

① 师傅，前面停一下。
② 跟着导航（+ 走吧！）
③ 天气不冷不热。
④ 我跟妈妈散散步。
⑤ 太远了，我走不动了。
⑥ 再说一遍。

第九课 我去医院看病

Listening 1 (듣고 빈칸 쓰기)　　　练习听力1 (听后填空)

● MP3를 듣고 빈칸을 중국어로 채워봅시다.　　　MP3 부록 9-1

我今天早上＿＿＿＿＿＿，就＿＿＿＿＿＿，
还＿＿＿＿＿＿。

我去医院＿＿＿＿＿＿。医生问我"＿＿＿＿＿＿＿＿＿？"

我说"肚子疼，拉肚子，还发烧。"

医生问我"你＿＿＿＿＿＿＿＿＿东西。昨天吃什么了？"

我＿＿＿＿＿说"海鲜汤面"。

他说"＿＿＿＿＿＿＿＿好像是＿＿＿＿＿＿。

医生马上＿＿＿＿＿＿＿＿，给我＿＿＿＿＿＿＿＿。

他跟我说"回家＿＿＿＿＿＿＿＿，＿＿＿＿＿喝水"。

DAY 09

Listening 2 (받아쓰기)   练习听力2 （听写）

● 다음 질문을 듣고 써봅시다. (중국어로 받아쓰기)   **MP3 부록 9-2**

① _____
② _____
③ _____
④ _____
⑤ _____
⑥ _____

Speaking (질문 듣고 대답하기)   练习口语 (听后回答问题)

● 다음 질문을 듣고 말해봅시다.   **MP3 부록 9-3**

① _____
② _____
③ _____
④ _____
⑤ _____
⑥ _____

第九课 我去医院看病

Writing 1 (단어 쓰기)　　练习写词

● 다음 의미를 보고 한자와 병음을 써보세요.

의미	한자	병음
☐ 아프다		
☐ 열나다		
☐ 편하다		
☐ ~ 인 것 같다		
☐ 대답하다		
☐ 썩다, 망가지다		
☐ 약을 처방하다		
☐ 주사 놓다, 주사 맞다		
☐ 휴식하다		

Writing 2 (해석 보고 쓰기)　　练习写作

● 다음 해석을 보고 중작하세요.

① 당신이 저를 도와 그에게 물어보세요.
　→
② 잘못 먹었다.
　→
③ 다 보지 못했다.
　→
④ 망가진 것(썩은 것) 같아요.
　→
⑤ 못 알아 듣는 것 같아요.
　→
⑥ 열심히 (잘) 연습하다.
　→

DAY 09

제9과 워크북 해답

Listening 1 (듣고 빈칸 쓰기)

我今天早上一起床，就肚子疼，还发烧。
我去医院看病。 医生问我"哪儿不舒服？" 我说"肚子疼, 拉肚子, 还发烧。"
医生问我"你好像吃错了东西。昨天吃什么了？"我回答说"海鲜汤面"。
他说"昨天吃的海鲜好像是坏的。医生马上给我开药，给我打了一针。
他跟我说"回家好好儿休息, 多多喝水"。

Listening 2 (받아쓰기)

① 他一起床就觉得怎么样？
② 他去医院干什么？
③ 他有什么症状（zhèngzhuàng 증상）？
④ 医生猜(cāi 추측하다)了他为什么病了？
⑤ 他昨天吃什么了？
⑥ 医生给他开药的时候，说什么？

Speaking (질문 듣고 대답하기)

① 他一起床就觉得肚子疼。
② 他去医院看病。
③ 他说"肚子疼, 拉肚子, 还发烧。"
④ 医生猜了他昨天吃的海鲜好像是坏的。
　（他昨天好像吃错了东西。→ 이렇게 대답해도 됩니다)
⑤ 昨天吃了海鲜汤面。
⑥ 医生给他开药的时候说 回家好好儿休息, 多多喝水。

파란색 : 간단한 대답

Writing 1 (단어 쓰기)

- ✓ 疼　　téng
- ✓ 发烧　fāshāo
- ✓ 舒服　shūfu
- ✓ 好像　hǎoxiàng
- ✓ 回答　huídá
- ✓ 坏　　huài
- ✓ 开药　kāiyào
- ✓ 打针　dǎzhēn
- ✓ 休息　xiūxi

Writing 2 (해석 보고 쓰기)

① 你帮我问他。
② 吃错了。
③ 没看完。
④ 好像坏了。
⑤ 好像听不懂。
⑥ 好好儿练习。

第十课 网上买东西

Listening 1 (듣고 빈칸 쓰기)   练习听力1 (听后填空)

● MP3를 듣고 빈칸을 중국어로 채워봅시다.

MP3 부록 10-1

最近很多人_____市场，_____手机_____买东西。

_____又可以_____又很方便。

但是也有人喜欢_____买东西，

因为能_____热闹的市场，_____各种各样的好吃的。

我喜欢在网上买东西。因为_____重的东西，也_____。

但是_____，_____有缺点。

东西在网上_____很不错，

但是_____亲眼看，_____还很差。

_____是_____，但是觉得有点儿麻烦。

DAY 10

Listening 2 (받아쓰기)   练习听力2　(听写)

MP3 부록 10-2

- 다음 질문을 듣고 써봅시다. (중국어로 받아쓰기)

① _____
② _____
③ _____
④ _____
⑤ _____
⑥ _____

Speaking (질문 듣고 대답하기)   练习口语 (听后回答问题)

MP3 부록 10-3

- 다음 질문을 듣고 말해봅시다.

① _____
② _____
③ _____
④ _____
⑤ _____
⑥ _____

第十课 网上买东西

Writing 1 (단어 쓰기)　　　　　　　　　　　　练习写词

● 다음 의미를 보고 한자와 병음을 써보세요.

의미	한자	병음
☐ 인터넷 접속을 하다		
☐ 시간을 아끼다		
☐ 직접, 바로		
☐ 맛보다		
☐ 값을 부르다		
☐ 결점		
☐ ~해 보이다		
☐ 제 눈으로		

Writing 2 (해석 보고 쓰기)　　　　　　　　　练习写作

● 다음 해석을 보고 중작하세요.

① 그렇군요(이렇군요)!
　→
② 말하면서 씁니다.
　→
③ 감사할 필요 없습니다.
　→
④ 그는 너무 피곤해 보입니다.
　→
⑤ 인터넷에서 예약합니다.
　→
⑥ 좀 있다가 배달 옵니다.
　→

DAY 10

제10과 워크북 해답

Listening 1 (듣고 빈칸 쓰기)

最近很多人**不去**市场，**用**手机**上网**买东西。**这样**又可以**省时间**又很方便。
但是也有人喜欢**直接去**买东西，因为能**一边看看**热闹的市场，**一边尝尝**各种各样的好吃的。
我喜欢在网上买东西。因为**不用拿**重的东西，也**不用讨价**。
但是**有时候**，**网上买东西**有缺点。东西在网上**看上去**很不错，但是**送过来**亲眼看，**质量**还很差。
可以退是**可以退**，但是觉得有点儿麻烦。

Listening 2 (받아쓰기)

① 最近很多人不去市场，怎么买东西？
② 为什么喜欢在网上买东西？
③ 有人为什么喜欢直接去买东西？
④ 她为什么喜欢在网上买东西？
⑤ 网上买东西有什么缺点？
⑥ 网上买的东西可以退吗？

Speaking (질문 듣고 대답하기)

① 用手机上网买东西。
② 这样又可以省时间又很方便。
③ 因为能一边看看热闹的市场，一边尝尝各种各样的好吃的。
④ 因为不用拿重的东西，也不用讨价。
⑤ 有时候，东西在网上看上去很不错，但是送过来亲眼看，质量还很差。
⑥ 可以退是可以退，但是觉得有点儿麻烦。

파란색 : 간단한 대답

Writing 1 (단어 쓰기)

✓ 上网　shàngwǎng
✓ 省时间　shěngshíjiān
✓ 直接　zhíjiē
✓ 尝尝　chángchang
✓ 讨价　tǎojià
✓ 缺点　quēdiǎn
✓ 看上去　kànshàngqù
✓ 亲眼　qīnyǎn

Writing 2 (해석 보고 쓰기)

① 是这样！
② 边说边写。
③ 不用（谢）谢（了）。
④ 他看上去太累了。
⑤ 网上预订。
⑥ 等一会儿送过来。

第十一课 不小心丢了手机

Listening 1 (듣고 빈칸 쓰기)   练习听力1 (听后填空)

MP3 부록 11-1

● MP3를 듣고 빈칸을 중국어로 채워봅시다.

我跟朋友一起＿＿＿＿＿＿＿＿＿＿＿＿。

旅游的＿＿＿＿＿＿，我们去了＿＿＿＿＿＿，
＿＿＿＿＿＿人特别多，＿＿＿＿＿＿。

我＿＿＿＿＿＿几张照片，＿＿＿＿＿＿故宫，很快就出来了。

我＿＿＿＿＿＿＿＿＿＿，＿＿＿＿＿＿我包里没有手机了。

我刚到故宫的时候，＿＿＿＿＿＿＿＿＿＿。

'＿＿＿＿＿＿还是被人偷了？'

＿＿＿＿＿＿打开手机＿＿＿＿＿＿，
不能＿＿＿＿＿＿我的手机。

我马上找＿＿＿＿＿＿营业厅去＿＿＿＿＿＿了。

DAY 11

Listening 2 (받아쓰기)   练习听力2 （听写）

● 다음 질문을 듣고 써봅시다. (중국어로 받아쓰기)   **MP3 부록 11-2**

① _____
② _____
③ _____
④ _____
⑤ _____
⑥ _____
⑦ _____
⑧ _____

Speaking (질문 듣고 대답하기)   练习口语 (听后回答问题)

● 다음 질문을 듣고 말해봅시다.   **MP3 부록 11-3**

① _____
② _____
③ _____
④ _____
⑤ _____
⑥ _____
⑦ _____
⑧ _____

第十一课 不小心丢了手机

Writing 1 (단어 쓰기)   练习写词

● 다음 의미를 보고 한자와 병음을 써보세요.

의미	한자	병음
☐ 여행하다		
☐ 붐비다		
☐ (사진을)찍다		
☐ 맘대로		
☐ 조심치 못하다		
☐ 잃어버렸다		
☐ 비밀번호		
☐ 걸다,매달다		

Writing 2 (해석 보고 쓰기)   练习写作

● 다음 해석을 보고 중작하세요.

① 맘대로 놓으세요.
  →

② 매우 빨리 도착했습니다.
  →

③ 그 때서야 알았습니다.
  →

④ 한 번 먹어 본 적 있습니다.
  →

⑤ 여러 번 온 적 있습니다.
  →

⑥ 실수로 떨어뜨렸습니다.
  →

DAY 11

제11과 워크북 해답

Listening 1 (듣고 빈칸 쓰기)

我跟朋友一起去北京旅游。旅游的第一天，我们去了故宫，故宫里人特别多，太挤了。我和朋友拍了几张照片，随便逛逛故宫，很快就出来了。我刚要打电话的时候，才知道我包里没有手机了。我刚到故宫的时候，用过一次。'不小心丢了还是被人偷了？' 放心的是打开手机需要密码，不能随便打开我的手机。我马上找附近的手机营业厅去挂失了。

Listening 2 (받아쓰기)

① 去北京旅游的第一天去哪儿了？
② (是) 跟谁一起去故宫的？
③ 在故宫逛了很长时间，对吗？
④ 她刚要打电话的时候，才知道什么？
⑤ 那天她没用过手机吗？
⑥ 知道丢了手机的时候，就怎么想？
⑦ 能不能随便打开手机？打开手机需要什么？
⑧ 知道丢了手机以后，就怎么做？

Speaking (질문 듣고 대답하기)

① 去北京旅游的第一天，她们去了故宫。
② (是) 和朋友一起去故宫的。
③ 很快就出来了。
④ 她刚要打电话的时候，才知道包里没有手机了。
⑤ 那天她用过一次手机。
⑥ 知道丢了手机就想'不小心丢了还是被人偷了？'
⑦ 不能随便打开手机。打开手机需要密码。
⑧ 知道丢了手机以后，马上找附近的手机营业厅去挂失了。

파란색 : 간단한 대답

Writing 1 (단어 쓰기)

✓ 旅游　　lǚyóu
✓ 挤　　　jǐ
✓ 拍照片　pāi zhàopiàn
✓ 随便　　suíbiàn
✓ 不小心　bùxiǎoxīn
✓ 丢了　　diūle
✓ 密码　　mìmǎ
✓ 挂　　　guà

Writing 2 (해석 보고 쓰기)

① 随便放一下。
② 很快就到了。
③ (那时候) 才知道。
④ 吃过一次。
⑤ 来过好几次。
⑥ 不小心掉了。

第十二课 到韩国坐公交

Listening 1 (듣고 빈칸 쓰기) 练习听力1 (听后填空)

MP3 부록 12-1

● MP3를 듣고 빈칸을 중국어로 채워봅시다.

我_____。_____回韩国去。

_____韩国的机场_____坐出租车回家。

但是我_____很多人都_____公交。

我也_____去车站_____。

我先买了车票。我坐_____公交回家。

我_____就下车了。

到家_____10分钟。我_____走了走。

行李_____，我觉得有点儿累，_____。

但是看到了妈妈，就觉得很高兴，高兴得_____。

我家在_____。妈妈帮我推行李，一起乘坐_____上楼。

DAY 12

Listening 2 (받아쓰기) — 练习听力2 （听写）

MP3 부록 12-2

- 다음 질문을 듣고 써봅시다. (중국어로 받아쓰기)

① _____
② _____
③ _____
④ _____
⑤ _____
⑥ _____
⑦ _____
⑧ _____

Speaking (질문 듣고 대답하기) — 练习口语 (听后回答问题)

MP3 부록 12-3

- 다음 질문을 듣고 말해봅시다.

① _____
② _____
③ _____
④ _____
⑤ _____
⑥ _____
⑦ _____
⑧ _____

第十二课 到韩国坐公交

Writing 1 (단어 쓰기)   练习写词

● 다음 의미를 보고 한자와 병음을 써보세요.

의미	한자	병음
☐ 겨울방학		
☐ ~할 계획이다, 계획(작정)		
☐ 줄을 서다		
☐ 밀고 있다		
☐ 여행 짐		
☐ 수고하다		
☐ 까먹다, 잊다		
☐ 탈 것을) 타다		

Writing 2 (해석 보고 쓰기)   练习写作

● 다음 해석을 보고 중작하세요.

① 방학하고 어디에 갈 계획인가요?
　→
② 여행갈 계획입니다.
　→
③ 30분(반시간) 기다립니다.
　→
④ 피곤함도 있었습니다.
　→
⑤ 앉아서 공부합니다.
　→
⑥ 못 봤습니까?
　→

DAY 12

제12과 워크북 해답

Listening 1 (듣고 빈칸 쓰기)

我放寒假了。坐飞机回韩国去。到了韩国的机场就打算坐出租车回家。
但是我看到了很多人都利用公交。我也跟着人们去车站排队。
我先买了车票。我坐5100路公交回家。我坐了一个小时就下车了。
到家还要走10分钟。我推着行李走了走。行李有点儿重，我觉得有点儿累，有点儿辛苦。
但是看到了妈妈，就觉得很高兴，高兴得累都忘了。我家在13楼。妈妈帮我推行李，一起乘坐电梯上楼。

Listening 2 (받아쓰기)

① 她为什么回韩国的？
② 她怎么去韩国的？
③ 到韩国的机场以后，她打算坐什么回家？
④ 但是她为什么去车站排队？
⑤ 她坐多少路公交回家？
⑥ 坐了多长时间就下车？
⑦ 下车以后还要走多长时间？
⑧ 看到了妈妈就觉得怎么样？

Speaking (질문 듣고 대답하기)

① 她放了寒假就回韩国的。
② 坐飞机去的
③ 到韩国的机场以后，她打算坐出租车回家。
④ 她看到了很多人都利用公交。(她也跟着人们去车站排队。)
⑤ 她坐5100路公交回家。
⑥ 坐了一个小时就下车。
⑦ 下车以后还要走10分钟。
⑧ 她觉得有点儿累，有点儿辛苦，但是看到了妈妈就觉得很高兴。

파란색 : 간단한 대답

Writing 1 (단어 쓰기)

- ✓ 寒假　　hánjià
- ✓ 打算　　dǎsuàn
- ✓ 排队　　páiduì
- ✓ 推着　　tuīzhe
- ✓ 行李　　xíngli
- ✓ 辛苦　　xīnkǔ
- ✓ 忘　　　wàng
- ✓ 乘坐　　chéngzuò

Writing 2 (해석 보고 쓰기)

① 放了假就打算去哪儿？
② 打算去旅行。
③ 等半个小时。
④ 累都忘了。
⑤ 坐着学习。
⑥ 没看到吗？

미션체크 연습문제 답안

미션따라 중국어
Survival 초급탈출편

제1과 그는 키가 매우 큽니다

1. 리딩 연습

2. 질문 완성

① 他贵姓？
② 叫什么名字？
③ 他是学生吗？
④ 小学生还是初中生？
⑤ 他是哪国人？
⑥ 他是哪年出生的？
⑦ 个子多高？
⑧ 长得怎么样？
⑨ 他对什么有兴趣？
⑩ 他头发是什么颜色的？
⑪ 他的皮肤是什么颜色的？

3. 질문에 답하기

① 他姓白。
② 叫白圆圆。
③ 他是学生。
④ 是初中生。
⑤ 他是韩国人。
⑥ 他是2005年出生的。
⑦ 一米六八。
⑧ 眼睛大大的、鼻子高高的、黑色的头发，白色的皮肤、脸圆圆的，胖胖的。
⑨ 他对各种运动有兴趣。
⑩ 他头发是黑色的。
⑪ 他的皮肤是白色的。

☞ 단답으로 "파란색"부분만 답할 수도 있습니다. 완전한 문장으로도 대답해보세요.

4. 밑줄에 병음 넣기

年纪 niánjì 나이	年级 niánjí 학년	热情 rèqíng 친절하다	请问 qǐngwèn 말씀 좀 물을께요
眼睛 yǎnjing 눈	安静 ānjìng 조용하다	饿 è 배고프다	俄罗斯 èluósī 러시아
头发 tóufa 머리카락	发短信 fā duǎnxìn 메시지를 보내다	皮肤 pífū 피부	丈夫 zhàngfu 남편
兴趣 xìngqu 흥미	取快递 qǔ kuàidì 택배를 찾다	圆圆 yuányuán 매우 동그랗다	服务员 fúwùyuán 종업원

5. 형용사 중첩

老老的 / 冰冰的 / 漂漂亮亮的 / 快快乐乐的

6. 你对什么有兴趣？

对学汉语有兴趣 / 对唱歌儿有兴趣 / 对爬山有兴趣 / 对玩游戏有兴趣

제2과 쇼파에 인형이 놓여 있습니다

1. 리딩 연습

2. 질문 완성

① 他的房间里有什么？
② 桌子上有什么？
③ 他姐姐的房间里有什么？
④ 姐姐房间里的沙发多（么）大？
⑤ 沙发上放着什么？
⑥ 他的房间怎么样？
⑦ 姐姐的房间怎么样？

3. 질문에 답하기

① 他（的）房间里有一张桌子、一把椅子和一张床。桌子上有台灯、本子、铅笔和橡皮。
② 桌子上有台灯、本子、铅笔和橡皮。
③ 他姐姐（的）房间有一个衣柜、一张桌子、一把椅子和一张床，还有双人沙发。
④ 两个人（=双人）能坐。
⑤ 沙发上放着娃娃和毛毯。
⑥ 他的房间又乱又脏。
⑦ 姐姐的房间又整齐又干净。

☞ 단답으로 "파란색"부분만 답할 수도 있습니다. 완전한 문장으로도 대답해보세요.

4. 밑줄에 병음 넣기

毛毯 máotǎn	谈话 tánhuà	橡皮 xiàngpí	好像 hǎoxiàng
담요	담화하다	지우개	~것 같다
一把 yìbǎ	好吧 hǎoba	下巴 xiàbǎ	
한 줌	좋아요!	턱	

5. 연습 又 ~ 又 …

香 / 干净 → 又香又干净
xiāng　gānjìng

干净 / 整齐 → 又干净又整齐
gānjìng　zhěngqí

便宜 / 新鲜 → 又便宜又新鲜
piányi　xīnxiān

漂亮 / 方便 → 又漂亮又方便
piàoliang　fāngbiàn

제3과 북경의 날씨는 어때요

1. 리딩 연습

2. 질문 완성
① 她为什么决定了去北京？
② 刚刚到北京的时候，她对什么不习惯？
③ 北京的天气怎么样？
④ 风过去以后，天有什么变化？
⑤ 她现在在哪儿？
⑥ 上海的天气怎么样？
⑦ 上海冬天下雪吗？

3. 질문에 답하기
① 因为（yīnwèi ~때문이다） 她对中国有兴趣。
② 刚刚到北京的时候，她对北京的天气不习惯。
③ 北京的天气很干燥。空气不太好，下雨下得很少。常常刮大风。
④ 风过去以后，天变晴了。
⑤ 现在在上海。
⑥ 上海的天气很潮湿。上海常常下雨。阴天很多。
⑦ 上海冬天下雪下得很少。

☞ 단답으로 "파란색"부분만 답할 수도 있습니다. 완전한 문장으로도 대답해보세요.

4. 밑줄에 병음 넣기

刚刚	gānggāng	막, 방금	钢笔	gāngbǐ	만년필
晴	qíng	맑다	请问	qǐngwèn	말씀 좀 물을께요
安静	ānjìng	조용하다	干净	gānjìng	깨끗하다
一般	yìbān	일반적이다	搬家	bānjiā	이사하다

6. 연습 变 ~ 了 : 해석하기

白 → 变白了 : 하얘졌다
红 → 变红了 : 빨개졌다
胖 → 变胖了 : 뚱뚱해졌다
瘦 shòu 마르다 → 变瘦了 : 홀쭉해졌다, 말랐다

高 → 变高了 : 높아졌다, 키가) 커졌다
冷 → 变冷了 : 추워졌다
热 → 变热了 : 더워 졌다
脏 → 变脏了 : 더러워졌다

제4과 국수가 밥보다 더 맛있어요

1. 리딩 연습

2. 질문 완성

① 他爸爸喜欢吃面条还是吃米饭？
② 他喜欢吃海鲜汤面还是牛肉面？
③ 他喜欢麻辣（味道）的还是清淡的？
④ 他爸爸喜欢宽面还是细面？
⑤ 爸爸为什么喜欢吃细面？
⑥ 他觉得哪个面条更好吃？

3. 질문에 답하기

① 他爸爸喜欢吃面条。
② 他喜欢吃海鲜汤面。
③ 他喜欢麻辣味道的。
④ 他爸爸喜欢细面。
⑤ 爸爸说，宽面太宽了，吃起来不方便。
　（细面吃起来很方便。）
⑥ 他觉得宽的比细的更好吃。

☞ 단답으로 "파란색"부분만 답할 수도 있습니다.
　완전한 문장으로도 대답해보세요.

4. 밑줄에 병음 넣기

晴天 qíngtiān	清淡 qīngdàn	热情 rèqíng	请问 qǐngwèn
맑은 날	싱겁다	친절하다	말씀 좀 물을께요

6. 연습 我更喜欢 ~

① 你喜欢白色的衣服还是黑色的衣服？（둘 중 하나 선택）
　→ 我更喜欢_____

② 你喜欢吃米饭还是吃面条？（둘 중 하나 선택）
　→ 我更喜欢_____

③ 你喜欢美式咖啡还是拿铁？（둘 중 하나 선택）
　→ 我更喜欢_____

④ 你喜欢喝热的还是冰的？（둘 중 하나 선택）
　→ 我更喜欢_____

제5과 제가 직접 음식을 만들고 싶어요

1. 리딩 연습

2. 질문 완성

① 她早上一起床，为什么打开冰箱？
② 冰箱里有什么喝的？
③ 她想做什么？
④ 先放土司，第一层放什么？
⑤ 第二层放什么？
⑥ 第三层放什么？
⑦ 她喜欢甜味儿，就要什么？
⑧ 她自己做的三明治觉得怎么样？

3. 질문에 답하기

① 因为肚子饿了。
② 橙汁、牛奶、雪碧和冰咖啡。
③ 想做三明治。
④ 第一层放火腿。
⑤ 第二层放生菜、西红柿。
⑥ 第三层放芝士。
⑦ 她还要果酱。
⑧ 觉得特别好吃。

☞ 단답으로 "파란색"부분만 답할 수도 있습니다.
완전한 문장으로도 대답해보세요.

제6과 매우 많은 사람들이 현금을 안 갖고 다녀요

1. 리딩 연습

2. 질문 완성

① 韩国的货币用中文叫什么？
② 中国的货币叫什么？
③ 人民币100元一般说什么？
④ 人民币5角一般说什么？
⑤ 近几年来，中国人的消费方式有没有变化？
⑥ 最近在中国带现金的多不多？
⑦ 那一般怎么支付？

3. 질문에 답하기

① 韩国的货币叫韩币。
② 中国的货币叫人民币。
③ 一般都说"100块（钱）"，
④ 说"5毛"。
⑤ 中国人的消费方式有很大的变化。
⑥ 最近在中国带现金的不多。
⑦ 需要交钱的时候，都用手机支付。
用支付宝，或者用微信支付。

☞ 단답으로 "파란색"부분만 답할 수도 있습니다.
완전한 문장으로도 대답해보세요.

제7과 중국 샤부샤부 너무 맛있습니다

1. 리딩 연습

2. 질문 완성

① 她有没有提前预定餐厅？
② 餐厅里客人多不多？
③ 他们等了还是去别的餐厅了？
④ 他们等了多长时间？
⑤ 他们点了什么？
⑥ 他们吃得多吗？（吃多了吗）

3. 질문에 답하기

① 没有提前预定。
② 餐厅里客人很多。
③ 坐在沙发上等了一会儿。
④ 差不多等了半个小时。
⑤ 点了麻辣汤，还点了各种各样的蔬菜，猪肉、牛肉、海鲜、宽粉。
⑥ 吃得很多。（吃多了） ☞ 많이 먹었습니다.
   吃得走不动了。 ☞ 걸을 수 없을 정도로 먹었습니다.

☞ 단답으로 "파란색"부분만 답할 수도 있습니다.
완전한 문장으로도 대답해보세요.

4. 밑줄에 병음 넣기

餐厅 cāntīng 식당   预订 yùdìng 예약하다   柠檬 níngméng 레몬

柠檬 níngméng 레몬   蒙古 ménggǔ 몽고

吃饱 chībǎo 배불리 먹다   打包 dǎbāo 포장하다

各种各样 gèzhǒng gèyàng 각종각양   客人 kèrén 손님

5. 중작하기

① 要等一会儿 (= 一下)
② 下星期来两次。
③ 学了两个月汉语。
④ 大概要多长时间？
⑤ 看了三个小时电视。

제8과 내비게이션을 따라갑니다

1. 리딩 연습

2. 질문 완성

① 上海的秋天怎么样？
② 这么好的秋天长不长？
③ 因为秋天很短，她觉得应该怎么样做？
④ 她怎么去外滩？
⑤ 她的汉语怎么样？
⑥ 她跟着什么找路？
⑦ 她听得懂导航说的话吗？
⑧ 她怎么听得懂导航说的（话）？

3. 질문에 답하기

① 上海的秋天不冷不热，天气凉快了。
② 这么好的秋天很短。（= 不长）
③ 应该好好儿享受。
④ 打车去外滩。
⑤ 听汉语听得还很差。
⑥ 跟着导航。
⑦ 导航说的大概都听得懂。
⑧ 因为她的发音、声调很标准，所以听起来，很清楚就能听的懂。

☞ 단답으로 "파란색"부분만 답할 수도 있습니다. 완전한 문장으로도 대답해보세요.

4. 밑줄에 해석 넣기

应该 yīnggāi	해야한다	硬 yìng	딱딱하다
享受 xiǎngshòu	누리다, 즐기다	收 shōu	받다, 치우다
外滩 wàitān	와이탄	难 nán	어렵다
餐厅 cāntīng	식당	停 tíng	멈추다
星巴克 xīngbākè	스타벅스	把 bǎ	(한)움큼, 손잡이
清楚 qīngchu	분명하다, 선명하다	晴 qíng	맑다

제9과 저는 병원에 진찰받으러 갔습니다

1. 리딩 연습

2. 질문 완성

① 他一起床就觉得怎么样？
② 他去医院干什么？
③ 他有什么症状
　（zhèngzhuàng 증상）？
④ 医生猜(cāi 추측하다)了他
　为什么病了？
⑤ 他昨天吃什么了？
⑥ 医生给他开药的时候，
　说什么？

2. 질문 완성

① 他一起床就觉得肚子疼。
② 他去医院看病。
③ 他说"肚子疼，拉肚子，还发烧。"
④ 医生猜了他昨天吃的海鲜好像是坏的。
　（他昨天好像吃错了东西。
　　→ 이렇게 대답해도 됩니다)
⑤ 昨天吃了海鲜汤面。
⑥ 医生给他开药的时候说 回家好好儿休息，多多喝水。

☞ 단답으로 "파란색"부분만 답할 수도 있습니다.
완전한 문장으로도 대답해보세요.

4. 밑줄에 해석 넣기

土 tǔ	흙, 촌스럽다	肚子 dùzi	배
冬 dōng	겨울	疼 téng	아프다
丙 bǐng	(갑을)병(정)	病 bìng	병, 병나다
汤 tāng	국	烫 tàng	뜨겁다
橡皮 xiàngpí	지우개	好像 hǎoxiàng	~인 것 같다

5. 밑줄에 병음 넣기

衣服 옷 yīfu	舒服 편하다 shūfu	服务员 종업원, 종업원 부를 때 fúwùyuán
医院 병원 yīyuàn		医生 의사 yīshēng
打针 주사 맞다, 주사 놓다 dǎzhēn	打包 포장하다 dǎbāo	打开 열다, 켜다 dǎkāi	打扫 청소하다 dǎsǎo
发烧 열나다 fāshāo	发短信 메시지(문자) 보내다 fāduǎnxìn		洗头发 머리를 감다 xǐtóufa

제10과 인터넷에서 물건을 삽니다

1. 리딩 연습

2. 질문 완성

① 最近很多人不去市场，怎么买东西？
② 为什么喜欢在网上买东西？
③ 有人为什么喜欢直接去市场买东西？
④ 她为什么喜欢在网上买东西？
⑤ 网上买东西有什么缺点？
⑥ 网上买的东西可以退吗？

3. 질문에 답하기

① 用手机上网买东西。
② 这样又可以省时间又很方便。
③ 因为能一边看看热闹的市场，一边尝尝各种各样的好吃的。
④ 因为不用拿重的东西，也不用讨价。
⑤ 有时候，东西在网上看上去很不错，但是送过来亲眼看，质量还很差。
⑥ 可以退是可以退，但是觉得有点儿麻烦。

☞ 단답으로 "파란색"부분만 답할 수도 있습니다.
완전한 문장으로도 대답해보세요.

4. 연습 一边~ 一边…

- 想 / 说　　　　　一边想一边说
- 吃东西 / 做作业　　一边吃东西一边做作业
- 喝咖啡 / 聊天儿　　一边喝咖啡一边聊天儿

5. 연습 ~ 是 ~

- 好吃 / 好吃　　好吃是好吃　　　해석: 맛있긴 맛있다
- 可以吃 / 可以吃　可以吃是可以吃　해석: 먹어도 되긴 하다
- 想吃 / 想吃　　想吃是想吃　　　해석: 먹고 싶긴 하다

제11과 조심하지 못해서 핸드폰을 잃어버렸어요

1. 리딩 연습

2. 질문 완성

① 去北京旅游的第一天去哪儿了？
② （是）跟谁一起去故宫的？
③ 在故宫逛了很长时间，对吗？
④ 她刚要打电话的时候，才知道什么？
⑤ 那天她没用过手机吗？
⑥ 知道丢了手机的时候，就怎么想？
⑦ 能不能随便打开手机？打开手机需要什么？
⑧ 知道丢了手机以后，就怎么做？

3. 질문에 답하기

① 去北京旅游的第一天，她们去了故宫。
② （是）和朋友一起去故宫的。
③ 很快就出来了。
④ 她刚要打电话的时候，才知道包里没有手机了。
⑤ 那天她用过一次手机。
⑥ 知道丢了手机就想'不小心丢了还是被人偷了？'
⑦ 不能随便打开手机。打开手机需要密码。
⑧ 知道丢了手机以后，马上找附近的手机营业厅去挂失了。

☞ 단답으로 "파란색"부분만 답할 수도 있습니다.
완전한 문장으로도 대답해보세요.

5. 밑줄에 병음 넣기

去 qù	丢 diū	愉快 yúkuài	偷 tōu
做 zuò	故 gù	随便 suíbiàn	更 gèng
支付 zhīfù	附近 fùjìn	故宫 gùgōng	营业 yíngyè

제12과 한국에 도착하여 버스를 탔습니다

1. 리딩 연습

2. 질문 완성

① 她为什么回韩国的？
② 她怎么去韩国的？
③ 到韩国的机场以后，她打算坐什么回家？
④ 但是她为什么去车站排队？
⑤ 她坐多少路公交回家？
⑥ 坐了多长时间就下车？
⑦ 下车以后还要走多长时间？
⑧ 看到了妈妈就觉得怎么样？

3. 질문에 답하기

① 她放了寒假就回韩国的。
② 坐飞机去的
③ 到韩国的机场以后，她打算坐出租车回家。
④ 她看到了很多人都利用公交。（我也跟着人们去车站排队。）
⑤ 她坐5100路公交回家。
⑥ 坐了一个小时就下车。
⑦ 下车以后还要走10分钟。
⑧ 她觉得有点儿累，有点儿辛苦，但是看到了妈妈就觉得很高兴。

☞ 단답으로 "파란색"부분만 답할 수도 있습니다.
완전한 문장으로도 대답해보세요.

미션따라 중국어
Survival 초급탈출편

초판인쇄	2019년 11월 18일
초판발행	2019년 11월 28일

지은이	이미선
펴낸이	이미선
편집	정가람
디자인	정가람
일러스트	임승현

펴낸곳	MS북스
주소	서울특별시 동작구 상도로 346-2
전화	02) 823 4050
등록일	2017년 12월 20일
등록번호	제 2017-000092호

ISBN	979-11-963397-2-2
	가격은 뒤표지에 있습니다

이메일	mschinese@naver.com
홈페이지	www.msbooks.co.kr

© 2019 이미선 All rights reserved
※ 잘못된 책은 구입한 서점에서 바꾸어 드립니다.
※ 저작권자의 동의 없이 이 책의 내용과 그림을 무단으로 복제하거나 전재하는 것을 금합니다.